改善4.0：
用户主导时代的大规模定制方式

スタンフォード発　企業にイノベーションを起こすカイゼン4.0

柿内幸夫　著

王蕾　译

人民东方出版传媒
People's Oriental Publishing & Media
东方出版社
The Oriental Press

图字：01-2021-3150 号

KAIZEN 4.0：STANFORD-HATSU KIGYO NI INNOVATION WO OKOSU by Yukio Kakiuchi
Copyright © Yukio Kakiuchi 2020
All rights reserved.
Original Japanese edition published by Wani Plus Inc.
This Simplified Chinese edition is published by arrangement with
Wani Plus Inc., Tokyo in care of Tuttle-Mori Agency, Inc., Tokyo
through Hanhe International (HK) Co., Ltd.

图书在版编目（CIP）数据

改善4.0：用户主导时代的大规模定制方式 /（日）柿内幸夫 著；王蕾 译. —北京：东方
出版社，2022.4
（精益制造；084）
ISBN 978-7-5207-2725-9

Ⅰ.①改⋯　Ⅱ.①柿⋯②王⋯　Ⅲ.①工业企业管理—经验—日本　Ⅳ.①F431.36

中国版本图书馆 CIP 数据核字（2022）第 047607 号

精益制造084：改善4.0：用户主导时代的大规模定制方式
（JINGYI ZHIZAO 084：GAISHAN 4.0：YONGHU ZHUDAO SHIDAI DE DAGUIMO DINGZHI FANGSHI）

作　　者：［日］柿内幸夫
译　　者：王　蕾
责任编辑：崔雁行　高琛倩
出　　版：东方出版社
发　　行：人民东方出版传媒有限公司
地　　址：北京市西城区北三环中路6号
邮　　编：100120
印　　刷：优奇仕印刷河北有限公司
版　　次：2022年4月第1版
印　　次：2022年4月第1次印刷
开　　本：880毫米×1230毫米　1/32
印　　张：7.875
字　　数：143千字
书　　号：ISBN 978-7-5207-2725-9
定　　价：59.00元
发行电话：(010) 85924663　85924644　85924641

"我是一名咨询顾问，主要负责中小型制造企业的改善指导。"

每当我这样介绍自己时，得到的反应通常有两种。

一种是质疑，认为"改善就像'拧干毛巾'，是日本制造业长期以来的一贯做法。然而现在已经是 IT 时代，这种一成不变的坚持真的有意义吗"？另一种则认为"面向未来的改善活动要依靠专家们来实现。像我们这种一心扑在日常业务上的门外汉根本无法做到"。

前者的反应是将改善视为陈腐落后的事物，后者则深信改善是普通人难以企及的专业手法。

然而，由我一手打造的柿内版改善手法"**改善 4.0**"并不属于以上任何一种。

自从大学毕业之后，我便在日产汽车公司就职，一直负责现场的改善工作，具体情况将在本书第3章进行详细说明。通过公司内部的留学制度，我从1979年开始在美国斯坦福大学研究生工程学院进修了2年，学习最新的生产效率改善技术（IE）。

在日产汽车公司，我需要运用手脚来开展现场的改善工作，而在研究生院，头脑代替了四肢，主要采取模拟实验和代入公式等手法，这令我备感惊讶。但不久之后，当我前往通用汽车公司（GM）的弗里蒙特工厂参观考察时，却发现工厂地板上布满了油污，到处散落着垃圾，看不到任何改善的痕迹。显而易见，日产汽车公司的工作方式在生产效率和产品品质等方面均更胜一筹。美国在理论上虽然遥遥领先，但现场实践并不理想。与此相对，日本在现场实践方面虽然出类拔萃，却一向不甚注重理论。我认为应该将理论与现场相结合，汲取二者的长处，并在工作中加以活用。

回国以后，作为日产的IE负责人，我开始对日本各地的主力工厂进行指导。自1991年独立创业并成为改善咨询顾问以来，我合作过的各类中小型制造企业达400余家，涵盖了汽车、家电、食品、IT相关厂家等领域，与企业经营者、现场的员工一同思考谋划，将自己在斯坦福学到的知识融会贯通，最终形成了这本"改善4.0"。

过去提出的"改善""改善1.0"仅限于个人或职场层面的改善。之后的"改善2.0"以提高效率为主要目的，在各个职场之间进行多方合作的改善。"改善3.0"则与日产的戈恩改革类似，通过跨部门的知识交流达到更加深入的改善。

而本书介绍的"改善4.0"将从社长等高层管理者以及现场工作人员的视角出发，站在相同的立场，首先挖掘现场或实例中潜藏的真正问题和改善的要点。然后，点燃火种，激发所有员工的潜能，让企业的每一名员工无一例外都能拥有改善力，并充分运用这份力量，实现组织全方位协作型的改善，引发经营改革，以在未来的时代里长存。

在我所指导的企业中，通过生产现场的成功改善，在不同领域开发出畅销商品，或开拓全新市场的企业并不在少数。第2章将具体阐述取得此类成果的企业事例。本书介绍的改善方法简单易懂，希望更多从事生产制造的中小企业能够理解并付诸行动，提升品质，提高生产效率，缩短交货时间，开发新产品，开辟新市场，在当今时代的严酷浪潮中屹立不倒。

此外，本书介绍的方法也适用于家庭或办公室等场合。希望广大读者能在日常生活中广泛加以利用。

目录

I

第4章 培养人才、解决经营课题的"改善4.0" 207

第 1 章
———

制造业的退潮与新时代的到来

日本制造业的退潮与日趋严峻的环境

过去，日本的制造业一度走在世界制造业的前列。当时，
Q（品质）、C（成本）、D（交期）是成就市场竞争力的基
础，这些要素的现场改善力发挥了巨大作用，想必部分读者
还有印象。在这个时期，汇集日本先进技术精华于一身的多
种产品畅销全球，拥有极强的赢利能力，例如小巧轻便、音
质出色、具有划时代意义的音乐终端 Walkman（随身听），以
及结实耐用、基础性能（行驶、停止、转弯）出众的小型汽
车等。但遗憾的是，日本制造业的发展势头现在已经一去不
复返了。

制造业所处的社会环境也与当时完全不同。

随着少子高龄化的日益加剧，劳动人口急剧减少。自然
而然，现场劳动力无论在质量上，还是在数量上都越来越紧
缺，技能传承的问题也越来越严重。

从现实情况来看，一方面，大多数生产现场依靠的都是
不懂日语的外国员工，或缺乏经验的日本劳务派遣工；另一
方面，退休导致的人员更新换代问题也十分严峻，人才短缺

和技能传承问题也越来越难以解决。

面对日趋严峻的环境,不少企业已经放弃了在技能传承上的努力。多年来一直致力于提高现场力的改善活动已江河日下,现如今已然彻底放弃的企业也颇为常见。

尤其是中小型制造企业的经营者,对现状的认识恐怕尤为深刻。我们正处于一个为今后的经营模式及企业的素质改善推进方法而不断思考、摸索的时代。

不仅如此,市场本身也发生了极大的变化。

过去,在"只要生产出来就能卖得出去"的**企业主导型产品供给**时期,少品种大批量的生产方式大行其道,产品制造可谓易如反掌。在现场改善活动方面,QC（Quality Control：品质管理）小组等现场小团体所开展的提升品质或效率的管理尝试,为企业扩大生产能力、提高收益贡献良多。甚至可以说"Made In Japan"这一高品质代名词的良好声誉由此得以建立。

之后,随着品种的不断增加,为顺应市场的变化,产品制造也朝着多品种小批量的生产方式转移。在这一时期,即使知道产品能卖出去,也难以预测哪一种能热卖。

对此，日本开创了以丰田生产方式为代表，能在短时间内快速制造并供应畅销商品的生产方式。这种生产方式致力于减少顾客的等待时间，避免额外增加库存，根据订单数量进行生产。经过这一轮的现场改善活动，生产前置时间得以大幅度缩短，最终成就了日本制造业 "Japan as No.1" 的盛誉。

然而在此之后，市场又一次发生了变化。

即便是经历了从企业主导到市场主导的转型风暴后依旧屹立不倒的优秀企业，如今也陷入了十分困难的局面。5S（整理、整顿、清扫、清洁、素养）、**消除浪费、减少不良品或缩短生产前置时间**等改善手法虽然曾经发挥了巨大作用，但现在仅靠这些手法企业恐怕无法生存。实际上，即使是多年来积极开展此类改善活动的高水平工厂也已今非昔比，要么产品卖不出去，要么卖出去了却赚不到钱。

在这种情况下，光是日常的生产出货就已让现场疲于应付。现场监督者也被迫在走投无路的状态下四处筹措资金。结果，不少中小企业因破产或后继无人，已经从日本这个国家彻底消失。在日本国内看似立于不败之地的企业也难以独善其身。许多企业经营者尽管一直在努力拼搏，内心却也十分焦虑，意识到"这样下去恐怕不行"。

日本怎样才能再次拥有引领世界的强大制造力呢？显而易见，仅靠过去培养的现场改善力是不够的。在维护日本所创造的这一宝贵财富的同时，需要寻求全新的改善切入点和进一步的改革。

这便是当前我们所处的时代。

未来的"好产品"不能只关注功能品质

那么，我们将会迎来一个什么样的时代呢？

未来的消费者想必已经拥有了所需的一切。因此，他们自然只会对"真正想要"的产品感兴趣。并且即使消费者表现出一定的兴趣，若产品价格较高，恐怕也不会购买。

爱丽思欧雅玛的会长大山健太郎曾说过：**"过去的市场理念已经无法满足当前的时代需求，必须积极挖掘个性化用户的潜在需求，以顾客至上的理念来应对。"**

除了满足顾客的多样化需求和条件之外，更重要的是能够立即捕捉并响应从中产生的诸多可能性。

一直以来，日本企业的普遍认知是"制造出好的产品就一定能卖出去"。

这里所设想的"好产品"可以概括为功能、品质优良的产品。正因为如此，提高品质和成本竞争力一直是产品制造的核心。

然而，未来"好产品"的标准远不止于此。

在这个时代，功能品质优良只是产品理应具备的前提条件，能否在竞争中取胜还要看产品的魅力品质。

以汽车行业的品质评价为例。

从 J. D. Power（美国一家从事顾客满意度调查的公司）对汽车初期品质调查的结果来看，近年来，品质评价的重心已经从功能品质转向魅力品质，现状显而易见，日系车的评价不再像过去那样拥有绝对优势。

在 2011 年的初期品质评价中，排名最高的 3 位均为日本企业，入选 Best10 榜单的日本企业多达 6 家。可见当时日系车在美国的初期品质评价是极为出众的。

然而从 2019 年的排名来看，情况完全变了。前 3 名均被韩国企业占据。日本虽然有 3 家企业入选 Best10 榜单，但排名都停留在第 7、第 9、第 10 这样靠后的位次。

究竟是怎么回事呢？

过去，在"行驶、停止、转弯"等汽车应具备的基本性能方面，日系车凭借卓越的品质一度远超其他国家。但近年来，随着其他国家汽车基本性能的不断提高，这方面的差距已相差无几。换言之，汽车的行驶性能已无法体现品质上的差距。

现在，能博得消费者广泛好评的通常是汽车导航系统的便利性或驾驶辅助系统的水准等所谓的魅力品质。由此也可清楚地看出，"好产品"的定义已经发生了改变。

接下来，让我们把目光转移到现场。

日系车的评价独占鳌头时，现场改善力的强劲势头在经营上得到了有效体现。

现场的改善之所以能够顺利推进，原因之一是利用具体的数字目标取代了功能品质的改良目标，例如提升汽车马力，每升汽油的燃料消耗能相应增加多少公里的行驶距离等。由于设定的目标可以量化，参与现场生产的全体成员才能齐心协力，绞尽脑汁，朝着目标不断推进现场改善活动。

但今后，仅靠这些是远远不够的。**未来的时代要求是以**

美国汽车初期品质调查SM（IQS）

（每100台车辆的问题数）单位：PP100 带*标志的为日系车

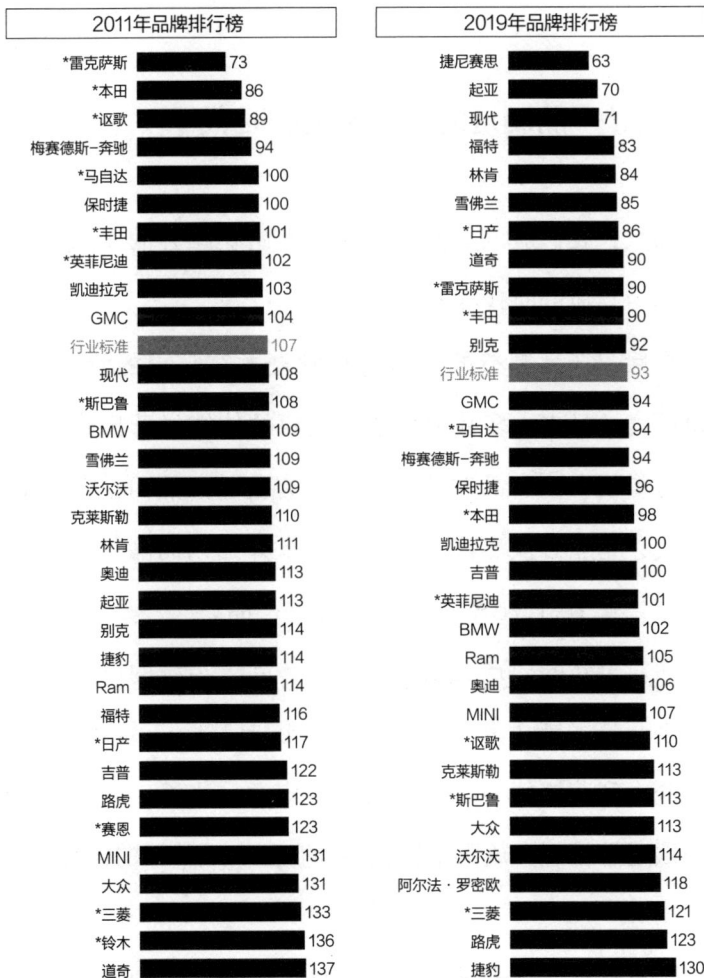

2011年品牌排行榜		2019年品牌排行榜	
*雷克萨斯	73	捷尼赛思	63
*本田	86	起亚	70
*讴歌	89	现代	71
梅赛德斯-奔驰	94	福特	83
*马自达	100	林肯	84
保时捷	100	雪佛兰	85
*丰田	101	*日产	86
*英菲尼迪	102	道奇	90
凯迪拉克	103	*雷克萨斯	90
GMC	104	*丰田	90
行业标准	107	别克	92
现代	108	行业标准	93
*斯巴鲁	108	GMC	94
BMW	109	*马自达	94
雪佛兰	109	梅赛德斯-奔驰	94
沃尔沃	109	保时捷	96
克莱斯勒	110	*本田	98
林肯	111	凯迪拉克	100
奥迪	113	吉普	100
起亚	113	*英菲尼迪	101
别克	114	BMW	102
捷豹	114	Ram	105
Ram	114	奥迪	106
福特	116	MINI	107
*日产	117	*讴歌	110
吉普	122	克莱斯勒	113
路虎	123	*斯巴鲁	113
*赛恩	123	大众	113
MINI	131	沃尔沃	114
大众	131	阿尔法·罗密欧	118
*三菱	133	*三菱	121
*铃木	136	路虎	123
道奇	137	捷豹	130

［出处：J.D. Power and Associates 美国汽车初期品质调查SM（IQS）2011年及2019年］

出色的功能品质为前提，站在顾客的立场上，精益求精提升魅力品质。

用户主导产品制造的大规模定制时代

那么，我们应该如何面对这个要站在顾客的立场上不断打磨魅力品质的时代呢？

今后，产品制造的竞争将从发掘顾客需求的阶段开始。举例而言，日本大多数中小型制造商的传统经营模式涵盖了从原材料投入到产品制造完成的所有范畴。然而，在接下来的时代，企业必须尽快发掘顾客需求并加以商品化，迅速投入生产，直至制造出博得顾客青睐的产品。

面对全新的"产品制造"要求，除了传统的以经营为中心的生产技术能力和现场改善力，还要整合产品开发能力、设计能力和营销能力等公司整体的资源。当然，这要求经营者必须运筹帷幄，放眼全局，引导企业实现整体的优化。

贴近顾客发掘需求，意味着与市场主导时期相比，产品制造更受顾客主导，必须注重满足顾客的个性化需求。产生

于美国的大规模定制（mass customization）一词专门用来指代
这一发展趋势。

在大规模定制时代，市场将朝着无限个性化的方向发展。
并且，由于消费者对产品的需求已经得到了充分满足，只会
考虑购买自己真正喜欢的产品。此外，还要考虑产品的价格。
恐怕只有等同于量产产品的合理价格才能打动消费者。不仅
如此，正因为是个性化定制产品，还要减少顾客的等待时间。
哪怕是1件产品的订单，只要接单了，就要在短时间内送到
顾客手中。

要实现这样的产品制造目标，就必须缩短订货、设计、
采购、生产、销售等整体的前置时间。换言之，这要求参与
以上工序的所有人员相互合作，积极推进改善相关技术。

可以说，**市场与制造业正从大规模生产时代向大规模定
制时代转变。**

这就意味着从生产的角度来看，在应对消费者个性化、
多样化的需求时，企业还必须想方设法地实现不亚于大批量
生产时的低廉成本，以及比过去更短的交期。

这便是大规模定制时代的产品制造形貌。

接下来的时代要求企业不断地在短时间内开发满足顾客需求的商品，接收订单，并迅速进行生产和销售。在生产方面，企业要广泛、灵活地处理产品种类、定制自由度、批量大小等问题。过去，大部分生产现场所积累的均是多品种小批量生产的改善经验，依靠这些改善方法的延伸是无法解决问题的。企业必须思考新的切入点。

认识到"未来的经营并非过往经验的延伸"

其实，数字技术的突飞猛进也是大规模定制的概念备受关注的背景之一。

3D 打印便是其中一例。随着这项划时代技术的登场，无论实体的形状多么复杂，都能按顺序逐一进行制造。也就是说，3D 打印技术或许能使"因为生产批量太小而无利可图"的观点成为过去式。

此外，传感技术的进步使得人们可以轻松、及时地获取各种现场信息。AI（人工智能）、IoT（lnternet of Things：物联网）、Big Data（大数据）处理等新兴信息技术也开始迅速颠覆制造技术的常识。

要实现用户主导型产品制造模式，企业必须具备与新技术发展相适应的技术能力。至少要了解这些划时代性信息技术和制造技术的要点，具备根据自身需求充分加以利用的智慧和技术，否则很难在大规模定制时代提高竞争力。

然而，在综合信息技术的导入方面，日本也远远落后于欧美国家。

至此，我们大致了解了日本制造业所发生的变化。

总体而言，现在发生的变化显然不是一时的。我们应该认识到这是我们所处经营环境的变化带来的结果。也就是说，以等待暴风雨过去的消极态度是无法突破现状的。

经营者必须接受并主动面对环境的变化。

为此，我们必须摒弃"自己一直以来都采用这种做法"的成功经验，以一切从头开始的决心实行经营改革。

未来的经营并非过往经验的延伸。

经营者务必要有此觉悟，并铭记于心。

近来的媒体报道充斥着感慨日本某些方面落后或无法实现的悲观信息。但只停留在批判负面的层面毫无意义。既然暴露了落后于人的事实，就应该进一步追问有没有方法赶上。

那么，为适应即将到来的用户主导时代，改善企业素质，具体该怎么做呢？毫无疑问，仅靠传统的改善方法是远远不够的。企业决不能停滞不前，必须采取新方法来改善素质。并且，还要确保这些方法能为缺乏资金和人才的中小型制造企业所用。

关于新时代要求的全新改善，即改善 4.0，将从下一章开始阐述。

第 2 章

——

改善4.0的5个成功实例

本书第 1 章主要对日本制造业所处的现状进行了说明，一度以生产现场为中心，通过改善活动成长壮大的日本制造业，由于时代的发展变化，已无法获得预期的收益。

对于多数从事产品制造的企业而言，能够通过积极推进现场改善活动取得成果的有效期，仅限于产品主导时代至市场主导时代。

然而，现在我们已经迈入了用户主导时代。在这个全新的时代，除了现有的技术能力之外，我们还需具备创造力，制造出让顾客满意的商品。

5S 或消除浪费作为传统改善的代表性手法，其基本理念是去除工厂内不必要的东西。而要应对接下来的时代，创造吸引顾客的产品的改善无疑必不可少。

本章将对我实际参与指导的改善实例进行介绍，作为详细阐释全新改善的前期准备。

我所指导的企业并非只有大型企业。确切地说，中小型企业占大多数。由于企业规模较小，与大企业相比，人才或资金方面都极为短缺。不过，规模小并不代表效益差或实力弱。相反，通过改善，激发出中小型企业组织特有的潜在力量，使其充分发挥作用，适应时代的变化，从而产生巨大成果的实例不在少数。

上文已提及，面对用户主导时代的要求，仅靠传统的改善手法是不够的。除此之外，必须实行改善4.0，推进经营革新。

本章将对成功实践改善4.0的企业实例进行详细介绍。主要包括卡车装配厂、汽车内饰件制造商、树脂成型加工厂、精密器械加工厂以及大型高级点心制造商5家企业，虽然来自不同的行业，经营的业务也各不相同，但通过实践本书所介绍的柿内式全新改善4.0，这些企业均成功实现了用户主导时代所需的经营改革。

就欧美企业而言，这类经营改革通常会交给该领域的专家、学者，或委托拥有咨询顾问、专业工程师的外部机构。但这5家企业改善活动的成功，并非得益于掌握了专业技术和管理知识的员工或外部的专业人士。实际从事改善活动、真正发挥作用的都是普通员工。

在经营者的带领下，所有参与企业活动的普通员工凝心聚力，面对现场的实际情况展开讨论，畅所欲言，将微小的改善创意付诸实践，通过细微成果的不断积累，激发员工对改善活动的兴趣，最终实现了巨大的变革。这也可谓是源于日本的改善的独到之处。

或许有人会觉得"难以置信"。

由于这与目前社会上普遍唱衰制造业的悲观论调截然不同，倒也可以理解。但这些都是真实的案例。

若能无一例外地对企业全体人员拥有的改善力充分加以利用，定能实现应对未来时代的经营改革。作为源于日本的重要方法，改善无疑具备这种力量。相信通过这些实例，大家都会对此深有感触。

此外，本章在阐述实例的过程中还会出现"KZ 法""微改善"等词汇。虽然不是大家耳熟能详的说法，但若按顺序阅读，也应能掌握其要领。本书第 3 章将对此进行详细说明。

地方卡车装配厂实现卡车货台新功能的产品化，成功跻身日本全国高水平服务业企业的创新改革

株式会社　矶野 Body

总部所在地　山形县山形市西越 25 号

成立时间　1964 年

资本金　3630 万日元

员工数量　90 人

行业类型　卡车车身装配及维修

工厂　山形县山形市

关键词　商品开发、市场开发、现场改善、5S、工厂展厅化

① 矶野 Body 改善前的状况与社长的想法

矶野 Body 位于山形市，是一家从事卡车车身装配及维修的企业。

在这个行业，日野汽车或五十铃汽车等卡车制造商只负责车盖（驾驶座）及底盘等车身部分的生产，再由从事卡车车身装配的专业人员根据顾客的需求将其组装成厢式车或冷藏车，双方的分工长年以来一直泾渭分明。然而，近年来随着卡车需求量的持续下降，这种惯例也在发生改变。卡车制造商开始直接涉足车身装配，大量的装配业务逐渐向其直属的承包公司转移。

卡车车身装配前，底盘暴露在外

矶野 Body 与制造商并无直接关联。面对这种情况，社长矶野荣治产生了强烈的危机感，意识到若不谋求差异化竞争，企业的业务量将会不断减少，甚至有倒闭的风险。

此外，卡车市场的特点是在国家提供补贴期间，需求较为集中。由于客户大多会根据补贴下发的时间来确定交期，因此对于装配厂而言，无论条件多么苛刻，都必须设法及时交货。然而，在有补贴的市场需求集中期，卡车制造商的车身交付时间往往也会延迟。这种架构导致准时交货的压力都转嫁到了矶野 Body 等从事车身装配的企业身上。

结果，员工们不得不长时间加班或在节假日工作。不仅如此，企业还陷入了即使拼命加大生产力度，利润也十分微薄的恶性循环。面对员工超负荷工作却几乎无法带来利润的局面，矶野社长产生了极大的危机感。

当时，矶野 Body 主要存在以下问题。

· 虽然有业务，但市场价格却在持续下降。
· 工作变得越来越复杂，成本不断上涨。
· 利润没有过去高。

· 数年后县内的业务将急剧减少。

· 员工普遍老龄化，缺乏年轻人。

社长已经意识到了这些问题，并且认识到必须在问题充分暴露之前，对企业实行改革。要实现这一目标，企业全体员工的通力协作是必不可少的。于是在 2011 年 11 月，我接到了协助企业开展改善活动的委托。

第一次进入矶野 Body 生产现场时留下的强烈印象，我至今还记忆犹新。

尽管已是深夜，但在现场加班的人很多，甚至让人觉得似乎所有员工都留了下来，无人下班回家。而且，现场散落着各种各样的杂物，根本没有下脚之处。每个员工的动作都很娴熟，工作得十分卖力。不过，作业过程中往来移动的多余动作较多，真正具有附加价值的作业较少。

② "KZ 法"与"微改善"的实行

社长决心推行一场全员参与的改善活动。为此，我首先实行的是 KZ 法，这是"改善 4.0"的基础。

KZ 法是取"改善①"的首字母 K 与"全公司②"的首字母 Z 所组成的改善方法。

KZ 法要求参与者每人先准备 30 张左右的卡片，在生产现场的制定范围内，将卡片贴在未使用或有问题的物品上。之后，将这些物品运出现场，分为"不必要""不紧急""必要但有问题"等不同类别。 分类时要和参与者们交流"不必要""不紧急"的判断依据，或造成这种情况的原因，充分展开分析。

当时，我以社长、董事、管理监督者为中心，组织了约 15 名参与者，集中于现场的某处，开始推行 KZ 法。

在这个阶段，我发现了一些问题。

一是与"当前需要的物品"相比，**"现在虽然用不上，但将来或许能派上用场的物品"要多得多。**

二是**生产计划与订单信息脱节。**

即使现场的生产出现延迟，也没有收到任何补救的指令

---

① 改善：日语发音为"Kaizen"。
② 原文为"全社"，日语发音为"Zensya"。

或方法。结果，因生产延迟造成的车身滞留情况加剧，工厂内的作业流程也被拉长。这是导致生产效率下降，交期延迟等恶性循环出现的原因之一。

这些问题仅靠制造现场是无法解决的。销售、设计、采购、管理等所有制造相关的部门都必须参与其中。

矶野社长也坚定了发动全体员工共同致力于本次改善活动的决心。

除此之外还有一些需要改善的问题点，不过我决定先从彻底执行5S（整理、整顿、清扫、清洁、素养）开始。

要将5S执行到位，需要包括社长在内的现场所有人对5S有具体充分的了解。因此，我们决定前往大阪，参观以整理、整顿和清扫的3S而闻名的山田制作所株式会社。山田制作所的参观会需要早上7点半在当地集合。为了赶上集合时间，矶野Body的员工们分乘了3辆车，半夜便从山形的工厂出发了。据说大家轮流开车赶路直至天亮，连社长也不例外。

这让我看到了矶野Body的强大之处，在关键时刻，包括社长在内的所有人结成了一个平等互助的团队。

3S的参观会收获颇丰。

山田社长的领导力给矶野社长留下了深刻的印象。他发现包括社长在内，全体员工团结一心是山田制作所开展经营的关键。与此相对，矶野 Body 的员工们虽然都在卖力工作，但在合作方面较薄弱，各自为战，没有凝结在一起。

此后，矶野 Body 便以社长和董事常态化参与的形式，大力推行 KZ 法，持续开展整理、整顿活动。在此过程中还向"2015 年度清扫大奖"发起挑战，获得了经济产业大臣奖。就这样，现场的环境一点点地改善，为进一步的改善打好了基础。

除了 KZ 法之外，矶野 Body 还实行了"微改善"活动。

微改善要求全体员工每个月记录并报告所实施的改善。全体员工每个月都要至少实施 1 项改善活动，乍一听似乎很难。但微改善提案不同于一般的改善提案，即便是非常微小的改善创意也 OK，例如模仿他人、小修小补、"用不同颜色区分工厂大门"等。而且无论作用大小均可，规则十分宽松，执行起来绝对不难。事实上，矶野 Body 的"微改善"活动持续了 8 年以上，包括社长在内，全体员工每个月都会实施并报告至少 1 项改善活动。

　　员工们提交的微改善提案全部都会公开。社长的提案也不例外，其内容并不会得到特殊优待。日常业务虽然由以社长为首的管理层组织开展，但在实行改善的过程中，社长、管理层、普通员工、兼职人员都是平等的。

　　通过大力推行 KZ 法和微改善，企业体制逐渐得以健全，整理整顿的对象开始从生产现场扩展至整个企业。

全员参与的"微改善提案"数量一览表

利用形迹标示板进行工具的管理

色彩区分鲜明的工厂大门

另外，经过深入调查，企业的某些业务虽然需要人手，但产生的效益不高。矶野 Body 过去从未怀疑过自己所做的业务。不过，考虑到不久的将来和可能出现的问题，有些业务明显应该舍弃。因此，为了专注于主业的发展，矶野 Body 取消了拖车业务。

之所以能够顺利实行重大经营方针的转变，可以说得益于前期全体员工通过 KZ 法和微改善积极推行的改善活动。无论社长有多么强烈的危机感，不管如何强调企业应当前进的方向，若员工们缺乏改善的执行力，企业的变革也是无法实现的。而当时的矶野 Body 确实已经具备了实行改善的能力。

③ 启动整个企业缩短前置时间的改善

持续性的改善活动也明确了经营上的优先顺序。为博得顾客的青睐，矶野 Body 创造的附加价值是缩短交货期，即以大幅度缩短前置时间为目标。

然而，现实依然十分严峻。

卡车制造商的车身交付时间延迟的情况越来越频繁，另外，为弥补老员工退休造成的空缺，企业需要招录年轻人，但形势十分严峻。将成品交付给顾客的前置时间不仅没有缩短，反而变得更长了。

因此，继取消现有的拖车业务之后，企业设定的第二个业务改善目标是**直面当前的严峻形势，大幅度缩短前置时间**。

缩短前置时间最有效的途径是加快制造商的交货速度。而这仅靠矶野 Body 是无法实现的。在对企业内部所能采取的措施进行彻底分析后，矶野 Body 决定从根本上改变自己过去的设计理念。

举例而言，过去的作业流程是待制造商交付车身（底盘）之后，再开始上半部分（车体）的组装。更改流程后，不等车身交付，先单独完成车辆上半部分的组装，车身到货后再进行装配。

这种设计变更被称为**"无底盘装配"**活动。

紧接着，又启动了消除顾客个性化设计，实行标准化的**"无设计"**活动，以及采用螺栓联结焊接部位等方法，实现无需专业技能也可进行制作的**"无技能"**活动。

企业将这3项举措统称为**"三无活动"**，决定以此来缩短前置时间。

矶野 Body 的"三无活动"

通过制作专用的工作台，在车辆底盘尚未交付的情况下也能进行装配作业→**无底盘装配活动；**

预先制作各单元的设计图，只需不同模式灵活组合便可立即完成设计→**无设计活动；**

确定各单元的规格，指定切割及钻孔位置、数量、材质、长度、厚度、形状等，实现半自动化作业，同时提高产品品质→**无技能活动。**

④ 导入项目制改善

无底盘装配活动最初由设计部门负责，但一直无法实现。正因为拥有精通设计的专家团队，始终无法摆脱过去的经验和常识，总是将"做不到的理由"摆在前面。

诚然，即使是同样大小的卡车，底盘的形状或螺栓的位置也会因制造商的不同而各有差异。过去一直是根据实物的具体情况，在现场一边调整一边进行装配。突然要求设计部门将其"图纸化"，想必确实很困难。

为此，企业改变了原本的做法。采取项目制改善的方式，让包括设计在内的所有部门都参与其中，面对实物现场探讨自己能做些什么。

这种改善方式的优势在于能带来"互帮互助"的强烈安心感。另外，无论是社长还是员工，均以平等的立场参与改善。包括社长在内，让所有人都提出创意的方式能提高大家的积极性，有效避免员工产生抵触心理。并且，无论多么微小的提案也一定要执行，还要通过摄像记录提案的试验结果，在每个月的改善发表会上与全体人员共享。总之，这可谓是一次不畏惧失败、勇往直前的大胆尝试。

如此一来，情况与设计部门单独负责时截然不同，经过一番激烈的探讨，最终拿出了过去从未设想过的具体方案，达成了目标。

无底盘装配活动取得了异常显著的成效。

传统的工序是在制造商交付卡车底盘之后，由下至上按顺序组装零部件。最后进行整体的涂装，底盘没有喷漆的部分则需要小心地遮蔽起来。但若采取无底盘装配方式，零部件在装配之前便可完成喷涂，无须另外耗时进行遮蔽。从结果来看，不仅降低了成本，前置时间也以 10 个小时为单位成功地缩短了。

另外，收到卡车底盘后，完成搭载接合便可立即出货，在工厂滞留的时间得以减半。工厂内混杂无序的现象也大大缓解。

随后，销售部门对这种方式实行了标准化。

过去的销售模式是倾听顾客的详细要求，并尽可能地满足顾客的一切期望。销售部门改变了这种做法，转而向顾客大力推荐矶野 Body 预先设计好、且安全性高的标准化产品。

这便是推进"无设计"理念的改善活动。

对于销售部门而言，这种改变可谓是颠覆性的，毕竟按照过去的惯例，连套绳索的挂钩位置都要理所当然地听从顾客的要求。然而，从实际执行的情况来看，大多数顾客并没有提出过分细致的要求，销售部门充满信心展示的优良产品反而取得了更好的结果。

这种无设计活动大幅度减少了设计工时，标准化的实行也让零部件的反复利用成为现实，生产效率由此得以提升，前置时间由 8 天缩短至 4 天。无论是品质还是成本，各方面都取得了很大的成果。

若是以"由于设计部门更改了设计方案，销售部门必须采取这种方式销售"的形式发出指令，强制推行无设计活动，又会是怎样的情形呢？

我想恐怕会遭到销售部门的强烈抵触吧。至少不会像现在这般顺利推进。

在这次改善活动中，由于销售部门也参与了更改设计的整个过程，部门之间没有产生隔阂。换言之，这也可以视为各部门共同参与推进改善项目的成果。

同时，企业还在大力推进无技能改善活动，将过去的焊接式接合尽可能地更改为螺栓式固定，让不具备焊接专业技能的员工也能进行装配作业。通过这项活动，包括新员工、兼职人员在内的多能工化发展迅速，取得了巨大成效。

这些改善活动为何在精通专业领域的部门没能实现，而将各部门聚集在一起的团队却能做到呢？

虽然有各种各样的情况，但我认为其中一个原因在于，若由类似设计部门等专业性高、工作强度大的部门单独负责，在现实中往往只会委派给1名负责人。既没有可以商量的对象，也没有充足的时间和精力反复探索，只能在脑海中构思，并且很容易陷入"这不可能实现"的消极想法中。

但是，若大家齐聚现场共同探讨，即使时间较短，也能激发出各种各样的观点或创意。并且，还更容易得出"总之先试试看"的积极判断。之后，在针对实物反复进行摸索的过程中，或许就会有人提出当初从未设想过的创意。这是这种改善方式最突出的优势。

就这样，矶野Body成功实现了大幅度缩短前置时间这一看似不可能的目标。不仅如此，企业还同步实现了成本的大幅度降低以及品质的显著提升。

⑤　为应对未来的市场萎缩而准备的新产品开发项目

矶野 Body 在装配业务中持续推进改善，取得了很大的成效。然而，仅凭这一点还不足以应对未来销售额的减少。

如何应对市场的不断萎缩，这是企业要解决的第二个课题。

结论是要充分利用当前的制造基础开发新产品，通过新产品来扩大市场。企业从制造、设计、销售及技术部门的年轻员工中挑选成员，组建了负责新产品开发的项目团队。

项目团队去的第一站便是现场。全体人员走遍了现场的各个角落，尝试**从现有技术中找到开发新产品的灵感**。于是，有人提出了将厢式卡车的厢体部分独立出来便可制造成集装箱的想法。

企业在这个创意的基础上，加入其自主研发的卡车门自动开合装置 iSkipDoor，开发了一款安全轻便的集装箱保管仓"i-safety"。

因为新入职员工的创意诞生的 FUV

被作为媒体中心使用的 i-safety

不过，对于新产品所面向的顾客群体，当时却未考虑周全。

起初，企业尝试参加与卡车密切相关的土木建筑类展览会，对新产品进行展示。然而，安全与轻便的特性在此完全没能获得正面评价。相反，产品的轻便反倒被顾客所诟病，并借此提出了打折的要求。

项目团队自然备感沮丧。在这种情况下，不少企业或许会产生"果然还是不行"的念头而轻易放弃。但是，矶野 Body 的员工们却表现出了坚忍不拔的毅力，积极探索能够谋求利益的市场领域。

提议在广播设备展览上展出新产品的人，是矶野 Body 的常务董事大坪武司。

由于是过去从未接触过的行业，许多员工都抱着半信半疑的态度。但这个行业确实有使用集装箱保管仓的需求，例如在做高尔夫转播时，用于播放器材的管理或作为实况转播的工作间。并且，因其轻便和高安全性而受到高度评价。这里顾客要求的不是降价，而是品质保障。这次经历让企业再次认识到选择市场的重要性。

这种轻便安全、具备防盗性能的集装箱保管仓还在持续扩大其应用领域。

救灾时的灵活应用便是其代表之一。充实内部布置，保证人员活动空间的集装箱保管仓可储备饮用水或食物等紧急灾害时需要的物资。一旦发生灾害，便可将其运送到避难所，搬出储备物资，空置的空间作为育儿哺乳的设施来使用。

在这些新创意的推动之下，市场得以迅速扩大。

在改善的过程中，某位新入职的女员工也提出了新点子。集装箱保管仓属于在安装时需要在卸货方面下功夫的商品。既然如此，不如从一开始就将集装箱保管仓连接到卡车上，将其作为**"移动客厅"**来使用。这样不仅能切实减轻安装时的负担，或许还能进一步扩大需求。

矶野 Body 很快便实现了这名员工的创意，制造出了实体车。然后，前往各个领域的现场进行展示，查看是否有实际需求。结果，成功挖掘出了大量的潜在需求，例如用于户外现场表演的更衣室、移动展示台或移动救援设施等。

这种设备被称为"FUV"，现在主要应用于服务行业。对矶野 Body 而言，意味着又成功开发了一项持续性业务。

即使是中小型企业，通常也不会轻易采用新入职不久的年轻员工的意见。矶野 Body 之所以能顺利推进，还是得益于改善的实行。

以社长为首，全体员工站在平等的立场上，面向现场畅所欲言、互相交换意见的做法已经成为一种习惯，在矶野 Body 深深扎根。既然有畅所欲言的平台，员工们便能毫无顾虑地直抒己见。员工无意间说的一句话，却启发社长从经营的角度找到了灵感，这样的例子并不少见。

就矶野 Body 而言，拥有能够将创意迅速进行自主商品化的技术无疑十分重要。在避免较大风险的情况下便成功实行。

就这样，曾经的硬核制造业主体矶野 Body 通过推行全员参与的改善活动，开发自主产品，将业务范围拓展至服务行业。

这都是普通员工各抒己见、充分探讨的结果，并没有依赖外部的专家。

说到创新，日清食品根据用大碗调制的鸡肉拉面，创造出杯装方便面的事迹可谓广为人知。

矶野 Body 从卡车货台中找到灵感，创造出 FUV，其开创性意义不亚于日清食品，同样是非比寻常的创举。

这些创新的种子应该就隐藏在每个企业或工厂当中。

当前，矶野 Body 正在向工厂的展厅化发起挑战。旨在进一步深化持续推行 5S 活动，充分展示矶野 Body 的管理能力与技术能力，确保前来工厂参观的顾客对此一目了然。

这是基于**消除订单由销售部门负责，制造部门只考虑生产的责任分工，改由工厂协助销售部门获取更多订单的考量**而做出的决策。矶野 Body 的改善不断提高企业整体优化的水平。

总结

市场的萎缩虽然不可避免，但企业通过组建多样性改善团队，开展项目制改善活动，成功实现了通过大幅度提高生产效率和开发新产品来谋求生存的艰难主题。

　　充分运用 KZ 法与微改善，将整理整顿的对象从生产现场拓展至业务本身，促使企业实行经营方针的重大转变，取消了盈利低下的业务。

　　重视新入职的女员工的创意，迅速予以实现，成功开拓新市场的背后，是根植于企业的自主商品化的技术能力，以及社长与员工们能够平等交换意见的改善平台。

【实例2】

汽车零部件制造商以雷曼事件为契机，改变企业结构，实现跨行业的新产品开发

大塚产业资材株式会社

总部所在地　日本滋贺县长滨市八幡中山町1号

创始时间　1706年

成立时间　1987年

资本金　2000万日元

员工数量　127人

行业类型　汽车内饰件的制造及成型，一般零部件的成型

工厂　日本滋贺县长滨市

中国浙江省

越南河南省（2017年10月竣工）

关键词　三方受益、5S、KZ法、微改善、新技术开发

① 大塚产业资材改善前的状况与社长的想法

　　大塚产业资材株式会社的起源要追溯至 1706 年（宝永三年）开始的蚊帐生产。从昭和三十年代中期（1960 年前后）开始，由于市场需求急剧减少，蚊帐制造部门随之关闭。工厂以长年积累的纺织、染色、缝纫技术为基础，尝试从当时尚处于发展阶段的汽车工业中寻找出路，开启了一项全新的业务，即汽车内饰件的制造。这个决策是成功的，随着汽车的普及化，大塚产业资材的规模也在不断扩大。

　　2002 年，工厂的设备已基本完善，作为长浜工业会主办的工厂参观会的东道主，大塚产业资材邀请其他企业前来参观。参观结束后，向到场的约 10 家长浜市内的制造企业发放了调查问卷，请大家按照满分 5 分的标准对大塚产业资材的5S（整理、整顿、清扫、清洁、素养）水准进行评判。由于是邀请其他企业前来参观，大塚产业资材比平时更仔细地打扫清理，做好了迎接参观的准备。然而，给出 5 分的企业却一家也没有，几乎都只评了 3 分至 4 分。某家企业甚至打出了 1 分的最低评价。给 1 分的企业便是当时日本长浜市 5S 水准最高的 C 公司。

据说在活动结束后的联谊会上，大塚敬一郎社长（时任社长，现任会长）直接向 C 公司的 M 社长提出了内心的疑问："我们打扫得很仔细，也感觉准备得很充分，只给 1 分是不是太苛刻了?"然而，M 社长却直截了当地答复道："贵公司似乎并未了解 5S 的真正含义。非常抱歉，确实只能给1 分。"

这番话着实一语中的。大塚社长因此意识到"我们确实从未认真思考过 5S 的含义"，于是立即购买了日本经营合理化协会发行的《专为社长准备的利用 5S 打造高收益工厂实录》的全套 5 卷录像带，开始深入学习。

通过学习，社长明白了自己的工厂一直以来所做的**只不过是单纯的打扫**。减少各道工序中堆积的大量中间库存才是 5S 的真正起步。

社长计划开始实行真正意义上的 5S，于是委托录像带的讲师进行指导。其实，《专为社长准备的利用 5S 打造高收益工厂实录》正是我用现场的实际场景进行讲解的教材。

接到委托申请后，我来到位于滋贺县长浜市的大塚产业资材总部，与大塚社长本人进行了交谈。内容主要是关于汽车产业的现状和未来、问题点与理想状态，以及与之相应的企业自身的意见等。

当时，大塚产业资材的业务以劳动密集型的缝制工作为主。但并不具备独特的技术优势，最终很有可能陷入成本竞争中。在陷入这种困境之前，希望企业能掌握具备竞争力的技术。另外，还想朝着汽车产业之外的领域发展，进一步提高企业的抗风险能力。

社长的话条理非常清晰，屡屡让我感受到**近江商人"三方受益（卖方受益、买方受益、社会受益）"** 的理念。"不愧是有着 300 年悠久历史的企业，真了不起"，当时的震撼，我至今记忆犹新。在不久后发生的大事件中，这种近江商人的经营哲学将发挥出巨大作用，但那时的我对此毫无所察。

社长的目标方向虽然明确，但尚未决定具体如何行动。因此，结束交谈后，我立即与社长一起前往现场查看。

从实际看到的现场情况来看，对于 5S 确实只能给 1 分的评价。

清扫工作虽然做得十分细致，但 5S 中的前两项（整理与整顿）却根本没有执行到位。不过，尽管现场混杂凌乱，我还是从中看到了改善的可能性。只要现场的员工们做好整理、整顿，就一定能提高生产效率，缩短生产交期，减少库存，打造出优秀的工厂。确信这一点后，我接受了大塚产业资材的委托。

然而，实现目标并不容易。

当时，大塚产业资材实行的是多品种小批量生产模式，且缝制属于劳动密集型业务，严重依赖人手。另外，现场的作业每次都会产生大量布头或线头等碎屑，也导致 5S 的实行存在很大的难度。显而易见，靠自上而下的方式推行改善是行不通的。

2　KZ 法的实行

企业首先尝试实行 KZ 法。

让工厂的中高层干部（从社长至课长级别的全体人员）

齐聚现场，每人准备 30 张卡片，划定现场的范围，要求大家将卡片贴在今后一个月内未使用或有问题的物品上，并将其运出工厂。

接下来，参与活动的经营者们便展开了激烈的讨论。在发现了一件极为老旧的物品后，大家纷纷大笑道："怎么会有这么一件东西呢？"在一片谈笑声中，根本性的问题逐渐浮出水面。

原来，作业者的个人能力参差不齐，导致产品品质不稳定，经常出现制造过量的情况，多余的部分总是被遗留在生产线旁。

这便是 5S 水准评价只得 1 分的根本原因所在。

大多数生产现场都囤积着大量的问题物品（暂时用不上或数量过多等）。然而，若整个工厂都充斥着这种情况又会怎样呢？对作业者而言，这一旦成为日常司空见惯的场景，即使问题物品近在眼前，恐怕也只会视而不见。不过，若将这些物品运出生产线，将实物集中在某一处，便一目了然了。所有员工都能直观地感受到其数量之多，以及长期对其熟视无睹的问题之严峻。

要让全体员工齐心协力共同开展改善活动，必须确保大家达成"这样下去不行"的共识。以 KZ 法为契机，能让包括社长在内的更多员工注意到不需要的物品，加深大家的共识。继而顺其自然地引发"为何会出现这种情况""怎样才能解决问题"等具体的讨论，争取全体员工当场达成"好，就这么干"的一致意见。

说实话，我知道通过 KZ 法能发现企业的许多问题。工作现场凌乱无序，这也是难免的。

因此，我已事先向社长说明："实行 KZ 法的话，可能会暴露出企业各方面的问题。"我还进一步提出了自己的看法，与其在发现问题后沮丧气恼或责怪相关人员，不如**放下过去，以积极的态度直面问题，努力向前改善**"。

尽管范围不大，但通过最开始实行的 KZ 法，工厂的一小部分区域在很短的时间内便完成了整理、整顿。另外，来自各部门的参与者也提出了一些有助于整体优化的改善创意。

对于 KZ 法所取得的成效，大塚社长感到十分震惊，为了提升今后的经营改善速度，决定采用这种方法。

之后，大塚产业资材开始每月举办改善会，以社长为首的中高层干部都要参加。上午召开改善发表会，下午实行 KZ 法，每次选取不同的区域作为实行对象。

每个月，围绕某个生产现场，社长与各部门主管都会清理出一个月内未曾使用或有问题的物品，查找问题点，探讨改善方法。通过这项活动，企业的全体干部都对产品制造有了一个整体的把握。

这一时期，大塚产业资材的核心业务是汽车座椅部件及头枕层压材料的裁剪与缝制。大部分产品的目标客户都是大型汽车制造商，实行准时化生产方式。

由于是多品种小批量生产，准备工序较多，搬运等相关作业也烦琐多变。这就要求现场的工作人员必须小心谨慎，随机应变，但相关的教育培训却做得不到位。这与刚开始实行 KZ 法时暴露出来的作业者个人能力上的差距属于同类问题。

通过实行 KZ 法，问题的严重性得以明确。

为了解决这个问题，无疑需要更多的现场工作人员参与到改善活动中。

当时的大塚产业资材虽然制定了激发员工智慧的改善提案制度，但并未充分加以利用。

原因之一在于实行的难度较大。过去执行的制度要求的重点是"提案"。并且，提案的评价标准是不可模仿他人，要具备独创性，还要有突出的金额效果。

为确保制度的有效执行，当时还设置了提交提案的目标数量。然而，实际的提案数量并不多，且待到提案通过后才重新讨论是否实施，整套运行机制的效率较为迟缓。实际的执行率停留在六成左右。

另一个原因在于外籍员工。除了正式员工之外，大塚产业资材的生产现场还聘用了很多外籍研修生等外籍员工。他们虽然会说一些日语，但不擅长写作，最初并未被视为改善活动的参与对象。为劳动密集型生产提供支持的外籍员工的智慧根本没有得到有效利用。

3 通过微改善发挥外籍员工的智慧

为了获得全体员工的支持与协助，企业导入了微改善提案制度。

平成20年

大塚産業グループ

改 善 提 案 提 出 書

提案名	縫製順序 繝製順位		
受付番号		サークル	提案者
0974		先鋒	

現状	
改善点	

（効果金額算出の根拠）		効果金額	

□ この提案は　年　月 に実施しました。　　□ この提案は未実施です。　　□ この提案は横展開のものです。

推進委員の評価	1	2	③	4	5	□ この提案は予防処置に該当

OG 46-3

中国研修生用中文书写的微改善提案实例（ 附日文翻译 ）

简单地记录并报告自己所实行的改善即可。模仿他人或小修小补也 OK，成效无论大小，极大地降低了提案的门槛。

我对中国研修生的改善能力抱有很大的期望。

她们都发挥出了自身的聪明才智。来到现场后发现，有的人在不好拿的工具上贴上胶带，使其更加趁手，有的人自制了收纳盒，方便每次取放零件，各类改善创意层出不穷。她们其实都具备高水平的改善能力。这些聪明才智务必要运用到改善活动中。

不会写日语的中国研修生有很多。不过，微改善提案只需要简单记录并报告实行的改善，即使是用中文书写，利用字典等工具也能看懂。因此企业专门制定了用中文也 OK 的规则。在看不懂的情况下，可以前往员工所在的现场，或在纸上粘贴改善前后的对比照片即可。

就这样，微改善的实行甚至打破了语言的壁垒。

微改善旨在将个人层面的改善成果拓展至整个企业。由于微改善提案采用后会得到相应的奖励，促使优质提案接二连三地涌现，并被广泛应用。

从 2003 年到现在，大塚产业资材一直坚持每月举办一次由全体员工参与的微改善提案发表会。在发表会上，社长每次都会公布优秀的微改善提案，并对实施微改善的员工予以表彰。另外，除了个人评价外，还会进行团队表彰，中国员工队一直名列前茅。

改善发表会是一个很好的平台，不仅能暴露站在经营层或管理者的立场上无法获知的问题，还能突出幕后员工做出的贡献。当然，这种方式能有效提高全体员工的积极性，还能培养员工在细节方面的改善执行力。

大塚产业资材通过动员全体员工参与实施微改善，进一步推进生产效率及产品品质的改善，确保销售额和利润持续稳步增长。

为持续推进改善，大塚产业资材形成了定期开展**训练营**（为实现企业整体的方针策略，动员全体员工调整或制定各部门策略的平台）、**改善会**（以领导者为中心，执行训练营上确定的方针策略，报告并探讨执行结果的平台）、**月例会**（报告优质改善案例，对实施者予以表彰）的长效机制。

简而言之，通过 KZ 法明确企业存在的问题，利用微改善动员全体员工参与实行改善，并解决问题。**若持续开展此**

类活动，"不断改变"将成为理所当然的事实，每个人都会尝试主动做出改变。

就这样，大塚产业资材的改善速度一下子便提高了。

4　雷曼事件的冲击

然而，就在大塚产业资材急流勇进之际，发生了一件让这股改善的浪潮瞬间停止的大事件。

2008 年 9 月，雷曼事件爆发。由于发生在美国，因此刚开始人们预测对日本不会有太大的影响。但是，对日本的冲击之大可谓始料未及。汽车制造商的订单瞬间锐减。

在此之前，生产流水线的运转十分顺利，不仅工作加班稀松平常，偶尔节假日也要出勤。但从这一时期开始，生产急剧下降，一周只有 2 天左右的业务量。面对前所未有的巨大变故，不少员工都陷入了震惊、彷徨之中。

不过，大塚产业资材其实拥有渡过困境的武器。

那便是大塚敬一郎社长所坚持的近江商人的经营哲学。

对于坚信三方受益的社长而言，面对眼前的危机，最重要的是保证员工们的就业岗位。因此，他立即向全体员工宣布了"将这次危机转变为机遇，全体员工齐心协力，共同实行过去未能完成的改善，为未来做好准备"的方针。

听了社长的话，员工们松了一口气，尽最大的努力投入改善。在此过程中，工厂按照 1 周工作 1 天的节奏重新制定了生产计划。另外，为了避免材料的浪费，大塚产业资材还根据生产计划采取了减少库存的措施。同时尽量减少现金外流，最终顺利渡过了雷曼危机。

⑤　利用办公室的改善培育人才

在雷曼事件的逆风大肆侵袭时，企业内部又有了不寻常的发现。失去汽车制造商的订单后，工厂的多数生产线都已关闭，处于停工状态。然而，办公室却变得比以往更加忙碌。

原因之一在于要根据当前的困境制定新的生产计划。但这还不是全部。**真正的原因在于事务性工作的处理**。即使工厂的产量急剧下降，办公室需要处理或发布的文件却 1 张也没有减少。

也就是说，尽管生产现场的劳动时间与生产量成比例地增减，但提供支持的办公室工作却与生产量毫无关联，一直像从前一样持续长时间工作。

大塚产业资材将这一发现作为重新审视办公室工作的契机。

经过细致的调查，找出的问题之多超出预期。

以加班为例。在临近截止交货日期时，办公室几乎每个月都加班到很晚。有的女员工甚至深夜 10 点后才下班，其家人出于担心打电话来询问，有的还斥责道："能不能让她早点回家"，情况已然十分严峻。

在此之前，企业一直将生产现场作为主要的改善对象，其他方面则并未关注。这下发现了新的改善目标。

不过，不同于能够直观查看物品状态的生产现场，办公室的工作大多是电脑操作，即使从旁观察也无法得知具体内容。为此，我们邀请了以大塚雄介课长（时任课长，现任大塚越南工厂的社长）为中心组建的团队，对办公室的各项事务进行了详细的分析。

结果发现实际情况比预想的更加混乱。

办公室的基本工作大多是以月为单位反复进行的。但相关的工作体系却完全没有建立起来。

另外，数据虽然大多是通过 Excel 来管理，但设置仍为旧版本。员工们都是通过复制和粘贴的方式，将信息或数据转移到其他资料中。并且，对于这项烦琐的工作，各个负责人都分别实行了改善。**结果，工作方法因人而异，难以形成相互协作的工作机制。**

针对办公室下发的文件，也借机重新进行了梳理。

于是，发现了许多不必要或信息重复的文件。这表示多数文件在没有被看的情况下就扔掉了。当事人或许抱着"自己虽然不需要，但其他人一定用得上"的想法。然而调查发现，许多文件都被大家扔掉了。

于是，以大塚课长为中心，企业开始对此类暴露出来的浪费问题实行改善。

去掉不必要的工作，将必要的工作标准化，形成相互协助的工作局面。另外，充分运用宏功能，便于数据的使用，无须逐一进行复制粘贴。

于是，过去需要一直忙碌到晚上 10 点的工作，到下午 3
点便可完成，变化之大令人难以置信。

如此一来，原本考虑要增加人员或增设岗位的办公室，
一下子实现了逆转，人员甚至还有富余。

大塚产业资材还考虑增设销售部门，进一步提高生产现
场的管理水平，为未来的发展做好充足的准备。这次改善促
成的最好结果，便是为企业培养了必备的人才。真可谓是转
祸为福。

6　面向未来的重大改善 1　销售部门的设立

通过改善积累资金后，大塚产业资材的重大变革还在继
续。面对企业未来的发展，大塚社长感受到了两大危机：一
是以汽车产业为中心；二是劳动集约型的产业现状。展望未
来，企业必须做出改变。

为此，企业首先新设了销售部门。这是向汽车行业以外
的领域拓展的第一步。

在此之前，大塚产业资材一直没有独立的销售部门。这是因为作为供应链一环的汽车零部件制造商，销售业务大多只需要确认每月的生产数量和品种明细即可。

但是，若要向汽车以外的行业寻求出路，没有独立的销售部门是行不通的。为了正式开启销售业务，企业从各部门抽调人才，设立了规模在 10 人左右的销售部门。

最开始尝试的销售方式是在电话簿上寻找合适的企业，预约时间，再进行面谈。但这种方法效率很低，而且相关人员都缺乏销售经验，因此没能取得预期的成果。

不过，在这家企业，全体员工团结一致奋勇向前的风气已经根深蒂固。对于设立不久的销售部门的实际情况，也通过改善发表会等平台，以具体形式与全员共享。通过充分的交流沟通，销售部门的工作效率得以逐渐提升，成功将业务拓展至各个领域。

值得一提的是，在 2016 年 11 月播出的《日经 Special 织梦人　小型顶级企业》节目中，以"300 年历史的企业　从蚊帐到汽车的进化"为主题，对大塚产业资材当时的情况进行了详细介绍。

7 面向未来的重大改善2 新技术与新产品的开发

接下来，企业还在继续推进工作方法的革新，即新技术的开发。

工厂里，依然是大批员工在缝纫机前一张张地缝制汽车座椅的场景。可以说是典型的劳动密集型产业。

显而易见，在人口不断减少的日本，要继续维持生产存在很大的困难。日本自不必说，今后中国的劳动力成本恐怕也会增加。

大塚社长希望在打了多年交道的汽车行业，充分发挥大塚产业资材的技术能力，开发出具备更高附加价值的产品。另外，他认为企业还应持有能够向汽车以外的行业供应的产品。

新技术的开发始于对时下主流的新一代缝制产品的研究。恰逢当时收到了可利用模具成型（注：用热量加工纤维的真空成型法之一）加工板材部件的信息。大塚产业资材在专家的建议下掌握了这项技术，开始了全新的模具成型部件的生产。

当然，从研究开发阶段到改善发表会，启动项目的负责人也全程参与其中。通过改善发表会，在企业内部共同分担遇到的各类困难或问题，当场要求各部门予以协助或配合，并迅速执行。

新设置的生产线自然也通过 KZ 法实施了改善。此时，设备布局的大幅度变更得以完成，这仅靠负责人一己之力是无法实现的。如此一来，企业形成了全员有意识地积极参与改善的格局，新产品的全新生产线顺利建成。

新生产线启动时几乎没有订单。不过，运用改善发表会一点点持续提高品质和生产力，订单开始逐渐增加。模具成

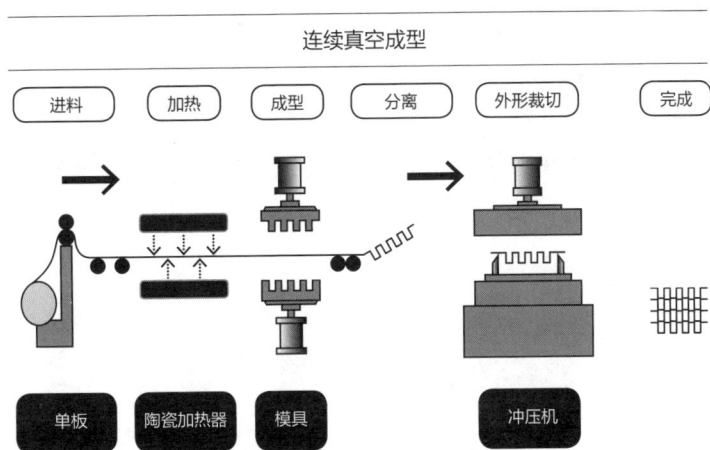

连续真空成型

进料　加热　成型　分离　外形裁切　完成

单板　陶瓷加热器　模具　冲压机

优势在于不论成型品面料质地薄厚，均可实现低成本生产。
可成型加工尺寸为1200mm×1600mm的产品。

型工艺中，最重要的是模具。为此，企业专门成立了以年轻人为中心的生产技术部门，以提高模具设计技术水平。

最终，模具成型产品逐渐成为主力军，占销售额的三成。现在，包括模具成型品、缝制品在内，日本汽车所使用座椅套模具部件中，大约七成都是大塚产业资材生产的。

这项全新的成型技术也开始逐渐向汽车零部件以外的领域拓展。

各式各样的试制品开始在各类展览中崭露头角，并且能够满足汽车行业以外客户的需求，制作出新的商品。接到动物型机器人外盒的订单便是其中的一个例子。这件产品获得了 2019 年的日本包装设计大奖。

大塚产业资材是一家拥有 300 多年悠久历史的企业，时至今日，依然在困境中不断实现飞跃。正是因为企业在把握大趋势的同时，不拘泥于现有的业务领域而持续寻求变革。这一切的背后是企业全员参与的改善。

在实施 KZ 法的过程中，社长一定会亲自参与。自然而然地拉近了与员工之间的距离，全体员工齐心协力不断推进变革也成为常态。

汽车行业以外的产品例

地板吸音、隔音材料

办公椅套

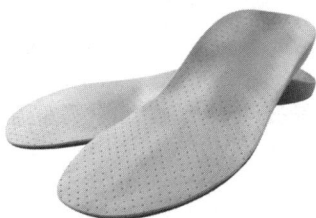

鞋垫用品

铁路交通座椅套

被用于无固定座位的办公室

办公用品收纳等新产品

大塚社长给予表彰

正在报告改善成果的员工

事实上，**将改善提案数量与利润制成图表进行比较，不难发现两者的增长趋势是一致的**。两者之间存在明显的相关性。

大塚社长始终坚信，由员工参与实行改善是支持企业经营的重要支柱。

总结

大塚产业资材之所以能从雷曼事件造成的产量低谷中实现 V 字形复苏，原因主要体现在社长坚持近江商人"三方受益"理念，保障员工的就业岗位，员工们也积极响应社长"将危机转变为机遇"的呼吁，竭尽全力地朝着改善的目标等方面迈进。充分发挥外国员工智慧的灵活性也不容忽视。

大塚产业资材的改善提案与销售额、利润之间的相关性

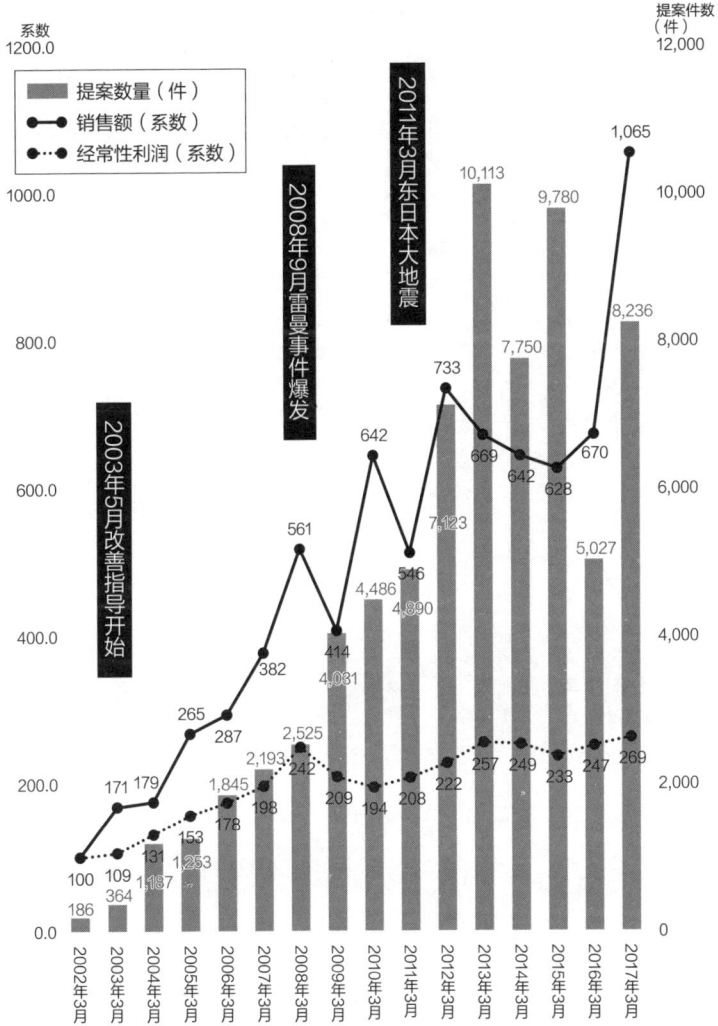

包括社长在内的全体员工共同进行整理、整顿，凝聚全员的智慧解决从中发现的问题，建立了良好的改善体制。在此过程中，大塚产业资材还设立了销售部门，导入了新技术。在汽车领域之外的新产品也大获成功，取得了丰硕的成果。

【实例 3】

因销售额减半而濒临倒闭的树脂成型厂商，通过全员参与的改善创造了历史最高利润

天昇电气工业株式会社

总部所在地　日本东京都町田市南町田 5 丁目 3 番 65 号

成立时间　1940 年

资本金　12.08 亿日元

员工数量　560 人

行业类型　塑料制品、模具的设计、制造、销售（汽车树脂零部件、照明、办公设备、OA 设备、感染性医疗废弃物容器、导电性印刷基板收纳架、液晶 TV、物流产业材料、周转箱等）

工厂　日本埼玉县比企郡、福岛县二本松市、福岛县西白河郡矢吹町、群马县太田市、三重县伊贺市

中国、墨西哥、波兰

关键词　现场改善、改善发表会、市场开发、海外工厂打造

① 天昇电气工业改善前的状况与社长的想法

天昇电气工业株式会社（以下简称"天昇电气"）的业务范围贯穿从树脂成型到二次组装加工的整个环节。从 2005年左右开始，天昇电气成功获得大型电机制造商 S 公司的主要零部件的批量订单，因此得以扩大生产，销售额和利润都实现了飞速增长。仅为满足 S 公司一家不断增长的订单需求而将大部分生产线投入其中，打破了经营管理的平衡，无疑是十分危险的。但即使明知风险所在，面对实际接到的订单，天昇电气却无法拒之门外，因而一直保持着以一家企业为中心的生产模式。

我从这时开始定期前往天昇电气的部分工厂，作为咨询顾问提供指导，为企业提高生产效率和产品品质提供助力。

当时面临的课题是维持产品品质，实现生产目标。进入制造现场后，我提出了改善的相关建议，整体上采取了自上而下的方式进行改善。

然而，随着超薄电视机产品的普及，市场竞争日趋激烈，

S 公司的产品销路逐渐丧失了良好势头。最终，在企业的经营前景遭到媒体的质疑后，S 公司陷入了破产危机。

一下子失去了 S 公司的订单后，天昇电气的经营状况自然也急剧恶化。受影响的不仅仅是订单。前期应 S 公司的要求，天昇电气分别在波兰、墨西哥新建了工厂。为两家工厂斥巨资购置的大型成型设备、涂装设备等几乎没有运转，销售额为零。这导致企业的经营进一步恶化。

就这样，原本销售额一直持续增长的天昇电气，在如日中天之时陡转直下，面临着破产的危机。在被逼入绝境的情况下，天昇电气下定决心"抓住一切有可能的订单"，将业务范围拓展至其他各个行业，开始争取新的订单。但要立即建立新的生产线实非易事。很明显，仅靠当时的技术和管理人员是行不通的。

为了打破这一困难局面，石川忠彦社长决定以前所未有的力度来激发现场的力量。因此，与传统的自上而下型改善相比，通过动员更多的员工参与其中，凝聚集体智慧的小集团活动来推行自下而上型改善，无疑是更好的选择。

但是，由于工厂内的多条生产线已经关停，许多员工也已从公司离职，想必不少人都会产生"在这种紧急情况下哪还有余力进行改善"的疑惑。

作为一名外部顾问，企业的现状让我产生了想要尽力提供帮助的强烈意愿。因为天昇电气不仅是深陷困境的客户，也是长年以来共同推行改善的伙伴。

但就目前而言，天昇电气的当务之急是削减经费。因此我取消了咨询合同，并提出了"有份便当就行了，请让我一起参与小集团的改善活动"的意愿，继续为企业开展咨询指导。

② 启动关乎企业存亡的改善活动

决定作为顾问继续为天昇电气提供咨询后，经过认真思考，我认为自己能够发挥的最大作用便是"**持续推进改善活动**"。

面对公司的员工们，难免会有解释不清楚的情况。尤其是在工作繁忙时，这也是改善难以持续的原因之一。不过，若由外部顾问定期确认进展情况，改善或将成为工作的一部分。

　　这也是定期举办改善发表会的目的之一。参与者若了解定期报告并分享改善成果的事实及具体的截止日期，自然会合理分配时间。形成这种机制，可以有效避免改善活动被推迟或忽视等情况的发生。

　　在此期间，我参加了企业所有的小集团改善活动发表会。通过评价来激发现场的讨论，将 A 工厂实施的优秀改善创意引入 B 工厂或 C 工厂，使之横向展开，促使企业整体的改善活动如火如荼地开展。

　　我的另一个职责是以简单明了的方式向参与者说明现场实施的改善将对企业经营产生的贡献。做好解释说明，不仅能指明下一步改善的方向，还有助于维持和提高改善参与者的积极性。我采取的方式是聚焦于实行改善的负责人展开阐述，而不是直接发出指令或训示。

　　尽管如此，企业的形势依然十分严峻。

　　例如在实行小集团改善活动的团队中，有一支团队由于负责人离职，临时任命了一名年轻员工为团队领导。在维持日常活动就颇为吃力的情况下，要进一步激活小集团改善活动，需要采取其他措施。

为此，针对各工厂每 2 个月举办 1 次的小集团改善活动发表会，要求包括社长在内的董事会成员务必有一位出席。主要目的是对团队实行的改善给予评价，鼓励相关负责人。同时对出席发表会的董事们提出要求，希望他们不要批评否定，而是尽可能地去发现、肯定、鼓励员工们所付出的努力。

现场人员的工作任务原本就十分繁重，处境也很艰难。在这种情况下，他们还是挤出时间和精力来实行改善，参加发表会。对此，**以社长为首的经营管理团队需要直接用语言表达感谢**，这一点至关重要。

另外，将原本以制造现场为中心的改善活动范围扩展至包括销售、设计、技术等在内的其他部门，形成全员参与的改善格局。仅凭制造部门一己之力所能实行的改善毕竟有限。在这个阶段，天昇电气需要的是通过全员参与来产生协同效应，具备综合性、本质性的改善。同时，**避免现场的员工们产生"只有自己被迫从事改善"的感受**也很重要。

有一次，企业内部发生了这样一件事。

在某次改善发表会上，销售部门所作的报告显然只为应付场面，内容十分敷衍。于是社长勃然大怒，打电话给当天没有出席会议的销售部董事，并用在场所有人员都能听见的音量怒斥道："为了企业，大家都在拼命改善，销售部门这次做得完全不行。你到底是怎么指导的!"

经过类似的事情后，所有部门集体参与改善的机制最终得以确立。

之后，小集团改善活动以每月 3 至 4 次的频率持续开展。改善发表会上报告的内容大多是提高生产效率、降低成本、提高品质以及开发新产品等。因为改善的直接目的是摆脱企业当前的经营困境。

就这样，改善的成效开始逐渐显现。

③　改善活动初见成效

有一次，福岛工厂收到了一笔制造线轴零部件的订单。

这种零部件的形状看起来很简单，似乎很容易制作。正考虑接单时，工厂发现自己的成型工艺无法达到高精度的要求。若外包给能够进行切削加工的工厂，运输、管理等成本的增加又会造成亏损。

一筹莫展之际，这道难题交给了集技术与制造于一体的小集团改善活动小组。

　　通常，这种情况会由一名上司担任技术负责人来处理相关问题。然而，这种做法鲜少能产生较好的创意。一般略加思索便轻易得出"无法实现"的结论。

　　相比之下，小集团在相对放松的状态下，能够畅所欲言，充分展开探讨。因此常常能激发出具备划时代意义的独特创意，这是仅靠一个人绞尽脑汁也无法做到的。

　　这次的情况正是如此。

　　小组成员中有一位名叫菅野隆太的员工，提出了一个质朴的想法："用我家的刨子不就可以调整高度吗？"他的父亲是一名木匠。但其他小组成员并未响应，也没有深入探讨。不肯轻言放弃的菅野第二天便从家里带来了刨子，并召集大家现场进行试验。

　　事实上，这次试验并没有达到想要的目标精度。木工用的刨子确实无法做得如此精确。但在亲眼看到这种优化机制后，全体成员同时直观地意识到"这种方式可行"，大家立即着手制造所需设备。并且，以较低的费用顺利完成了制造。

最终制造而成的是一种安装在射出成型机旁边的设备，这种设备能让作业人员当场调整成型机输送出的产品的高度。不仅满足了产品精度的要求，在降低成本方面也颇有成效。

此次的成功实践为天昇电气开辟了全新的思路。

不能完全依赖于射出成型机，当产品所需精度超出成型机功能范围时，只需新增 1 道工序即可，这是以往从未有过的思维创新。

真可谓是凝聚众人智慧的成果。

自此以后，类似的场景在各个工厂的小集团中层出不穷。

例如，针对原本需要具备 1300 吨锁模力的大型成型机来生产的产品，通过新设计的模具结构，仅需 850 吨的成型机便可进行生产。另外，针对原本需要 2 人操作的丝网印刷作业，通过将其变更为与成型机联动的转移印刷，成功实现了无人化作业。

这些改善都在极大程度上降低了成本。不仅如此，各个工厂都在掀起相同水准的改善热潮。

之所以能取得如此显著的成效，很大程度上是因为全体员工充分认识到了企业的处境之艰难。并且，对于这样的小集团改善活动，企业给予了全力支持，赋予了很大的活动自由度，这一立场的贯彻所发挥的作用同样不容忽视。这便是整体最佳改善的巨大威力。

④ 通过实施 KZ 法进军汽车产业

就这样，天昇电气的生产开始逐渐回暖。

但发展速度依然很慢，需要进一步的变革。

因此，天昇电气决定将重心从电气产业中心转移到汽车产业。但与电气产业相比，汽车业务的生产品种要多得多，是一个要求实行准时化生产的领域。要实现这一目标，工厂内需要相当大的空间。

然而，工厂内部已经被设备、材料或中间库存等塞满了，着实没有多余的空间。即使接到了汽车行业的订单，实际能否生产还是未知数，这是企业所面临的现实问题。

在某一天的改善发表会上，有人提出了"下午召集工厂所有的管理人员一起设法腾出空间"的建议。大家纷纷表示赞同，决定实行此前暂且被搁置的 KZ 法。

在这次活动中，全体员工都收到了 30 张卡片，最先贴完的人是石川社长。当大家都在谨慎地选择不需要的物品时，社长则看似随意地飞速将卡片贴满。这种 "**企业的经营课题就是确保场地**" 的态度给所有参与者都留下了深刻的印象。

在我看来，大部分员工都真切感受到了社长的态度，促使整个企业都致力于空间的开拓。

这一时期，通过实行 KZ 法，大家发现工厂内不需要的物品数量比预想的更多。明知用不上，却迟迟没有清理，导致周围的空间无法使用。KZ 法的实行促使每一名员工都对自己闲置无用的物品进行处理，顺利腾出了一部分空间。换句话说，这说明工厂内部或许还隐藏着大量有待开拓的空间。

事实上，之所以迟迟未实行 KZ 法，是因为当时的天昇电气管理者们有许多业务需要处理。KZ 法是一项整体的改善活动，其基本条件是需要包括社长在内的管理层参与，实行起来有一定的难度。

不过，就目前的情况而言，**越是危机关头越需要集结全力**。

平时，管理人员都是按照组织的分工负责各自的工作，当大家一起实行现场的改善时，便有许多问题暴露出来。例如，设计部门没有参与品质改善，或销售部门的信息没有在整个企业内共享，跨部门协同存在障碍。这些问题的发现可谓是成就企业全体改善与整体优化的关键因素。

KZ 法实施前的工厂

石川社长（右）与员工一起参与
实施 KZ 法

通过实施 KZ 法，确保工厂内
有足够的可用空间

　　尽管如此，从电气产品制造转向汽车制造着实并非易事。为满足多品种、小批量的市场需求，必须缩短工序换模时间。另外，还要设法防止区分左右的产品混入，企业缺乏类似的经验。

　　然而，随着企业整体改善的实行，天昇电气向这道难关发起了挑战。各工厂的改善发表会上只要有能够横向展开的案例，便立即进行共享，并在总部的协助下推广至整个企业。就这样，天昇电气掌握了相关技术，拿到了汽车行业的订单。

　　这次经历为天昇电气提供了良好契机，促使企业重新认识到改善活动的巨大成效及其教育培训的重要性。现在，不仅是日本国内的工厂，海外工厂的改善活动同样方兴未艾，在一年一度的企业全体大会上，来自墨西哥、波兰、中国的员工代表也会来日本报告改善成果。

中国工厂受到社长的表彰

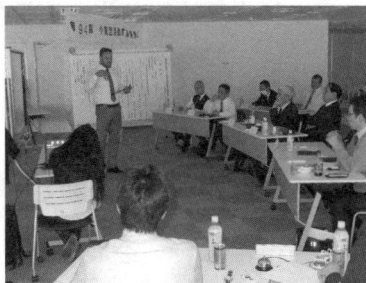

墨西哥工厂改善发表会的现场场景

5 闲置机器人的再利用

在将业务重心放在 S 公司的订单生产期间，天昇电气采用了机器人自动喷涂工序。然而，失去 S 公司的订单后，整条生产线便被搁置一旁。需要对汽车零部件进行喷漆时，一律采取外包的方式。不过，在某次改善发表会上，出现了"依靠自己的力量重启生产线"的呼声。

于是大家立即进行了检查，但已闲置 5 年多的生产线根本无法直接使用。恢复生产线看似困难重重，但在工厂负责人强大领导力的影响下，生产现场与年轻技术人员决定尝试依靠自己的力量修复生产线。

参与修复的年轻技术人员分工协作，从生产线周边环境的改善着手。机器人的修理则从逐个拆卸零部件并清理干净开始。

在作业过程中，一个改善创意突然涌现。即不仅限于将机器人恢复原状，而是进一步加以改造，使零部件承接部分也实现主轴运转。进展顺利的话，不但耗时比过去更短，喷涂效果也会更理想。

整条生产线都闲置的机器人自动喷涂工序

送料装置已卡住无法运作

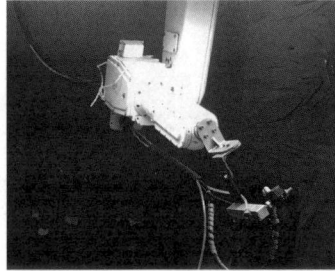

机器人位置信息已丢失，无法运作

地板残破不堪

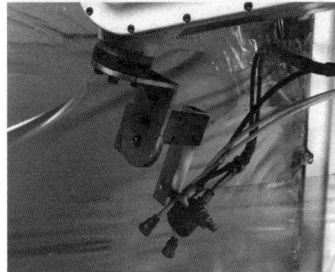

喷漆枪已脱落

传送带上积满了厚厚的灰尘

泵已卡住不动

机器人周围的区域也通过
清洁和喷漆得以焕然一新

脏乱的生产线洁净如初

　　这个创意得到了工厂负责人的大力支持，于是生产线的再利用项目便朝着机器人改造的方向发展。但必须尽可能地降低成本。技术人员们仅靠工厂内的闲置部件（未使用的零部件）便成功制造出改造所需的旋转控制电路。

　　通过这种方式，创建了全新的机器人喷涂工序，使喷涂效率提高至原来的 2 倍以上。

分解完成的零部件　　　　　　清洁抛光的零部件

　　这次实践之所以能取得成功，决定性因素在于天昇电气营造了年轻人能畅所欲言的环境，积极采纳年轻人的提案并予以执行。而实现这一切的根本在于社长的决心，即使在极其困难的处境中，依然坚持推进全员参与的改善活动。

　　2017 年 11 月召开的世界大会对天昇电气的事迹进行了宣传，给所有参与者带来了感动与勇气，并获得了社长特别奖。

　　在企业濒临破产的严峻时期，天昇电气的员工们怀揣着对未来的巨大不安，坚守着工作岗位。然而，即使深陷困境，现场改善活动也从未停止，在节约成本的前提下，创造可用空间，制造新的设备，促使业绩逐步恢复。

　　不仅如此，通过社长和工厂负责人的评价，员工们切实感受到了企业的成就是自己直接参与改善的结果。促使员工们

利用固定设备开发全新的喷涂工序

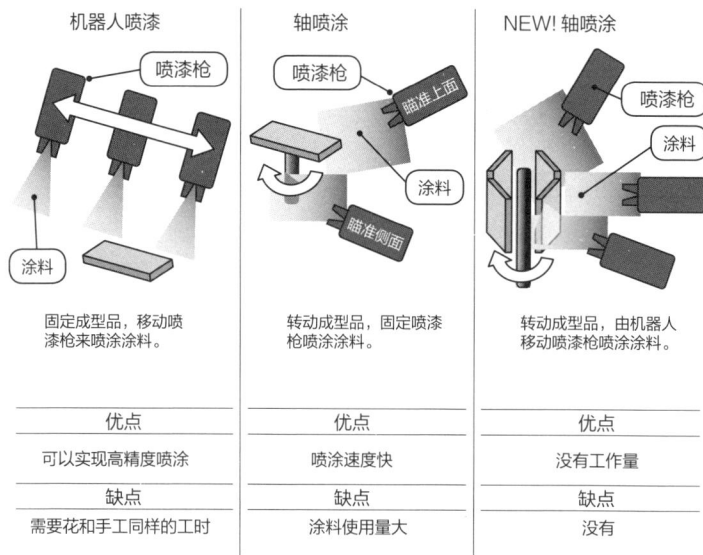

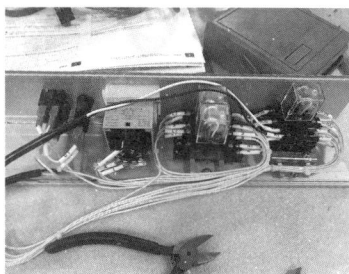

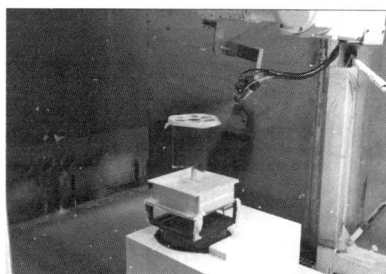

机器人喷漆	轴喷涂	NEW! 轴喷涂
固定成型品,移动喷漆枪来喷涂涂料。	转动成型品,固定喷漆枪喷涂涂料。	转动成型品,由机器人移动喷漆枪喷涂涂料。
优点	**优点**	**优点**
可以实现高精度喷涂	喷涂速度快	没有工作量
缺点	**缺点**	**缺点**
需要花和手工同样的工时	涂料使用量大	没有

利用固定设备开发全新的喷涂工序

机器人喷涂喷漆枪

重获自信，提高了他们的积极性。

在 2017 年 3 月的决算中，天昇电气创造了企业历史最高利润，并且时隔 9 年首次恢复分红（恢复返还股息红利）。这一消息在《经济界》2018 年 3 月的 "2018 年备受关注的 44 家企业　制造业企业篇" 中也有刊载。

总结

占销售额大半部分的业务突然消失，企业销售额急剧下降。面对破产的危机，企业殊死一搏，再次强化全员参与的改善活动。

之后，在将生产中心从电机转向汽车的过程中，企业通过 KZ 法确保了工厂内的可用空间，依靠自身的力量实现了闲置设备的再利用，持续推进全员参与的改善活动，为企业做出了巨大贡献，促使经营状况逐渐恢复，创造了企业历史最高利润。

动员海外工厂在内的所有工厂共同实行改善，提高生产能力，缩短前置时间，促使企业技术能力持续提升，销售额不断增长的精密机械加工厂

株式会社发驰精工

总部所在地　日本埼玉县三乡市新和 1 丁目 83 番 2 号

成立时间　1985 年

资本金　8730 万日元

员工数量　300 人

行业类型　精密机械加工业

工厂　日本埼玉县三乡市（总部工厂）

日本埼玉县越谷市（表面处理工厂）

日本福岛县西白河郡、鹿儿岛县萨摩川内市

中国、菲律宾

关键词　通过工厂展厅化开发客户、海外工厂打造、现场改善、改善发表会

1　发驰精工改善前的状况与社长的想法

发驰精工是一家以订单生产的方式从事精密机械加工的企业。面对众多的竞争对手，要确保企业长盛不衰、屹立不倒，通常需要在品质、交期、价格等方面占据优势。在 B to B 的业态模式下，当时的企业客户数量超过了 1000 家。每种产品的品质要求都各不相同，没有共通要素。要在短时间之内持续回应客户的所有要求是极为困难的，虽然进程缓慢，但随着订单量的增加，交期和品质方面的问题开始出现。

不过，这些困难并不是现在才有的。在发驰精工的现场，对于应对极其困难的需求或情况方面已经积累了丰富的经验。为实现技术或信息的共享化，企业还实行了所谓的"改善实例集"机制。然而从现状看来，这项机制实际并未得到有效运用，过去的大多数实例或经验技术几乎都只停留在当事人的记忆中，没有在企业内部充分进行共享。

尽管如此，企业的发展一直相对顺利，并未遭遇太大的阻碍。但随着工作精密度和复杂度的不断加深，以及订单量的持续增加，"继续维持原状是行不通的"事实已有目共睹。

大田宪治社长认为，这些问题必须不惜一切代价解决，并决心将全员参与的改善活动作为解决问题的重要手段。从2021年5月开始，大田社长委托我进行改善活动的指导。

作为接受委托的条件，我要求社长及各位董事必须随时参加改善会。大田社长希望通过改善，在全局范围内提升企业的技术能力。这一目标的实现绝非易事。要实现这个远大目标，关键在于改善现场必须有能够随时做出经营判断的人。

2 KZ 法的实行

在实行改善会时，我首先与社长及董事们共同查看了总部工厂。让我印象深刻的是，现场最基本的改善大体都做到了，但大多只停留在个人层面。例如工具的使用方法因人而异，作业人员往往各搞一套。我认为有必要对此现状进行可视化和统一。

第一步便是实行 KZ 法。以总部工厂的部分区域为对象，社长自不必说，还请总部工厂各部门的负责人也一并参加。

给 30 余名参与者每人发放 30 张卡片，让大家贴在 1 个月内未使用或有问题的物品上。将其运出工厂，并分成不必要、不紧急、有问题等 3 大类。

在其乐融融的工作氛围中，大家自然而然地开始讨论、沟通，交换信息，各种问题也因此得以暴露。看到这一场景，大田社长不禁感叹道："采取全员参与的方式确实效果更好。"

诚然，仅通过制作并分发资料的方式根本无法解决"技术共享化"的问题。重点是要像 KZ 法一样，实行全员参与，让大家面对实物开展活动，进行深入交流。

这与发驰精工所主张的"珍惜心灵的投接球"理念不谋而合。一直以来，大田社长就希望员工们能够打开心扉，加深交流，以愉悦的心情、高超的水准完成工作，获得更大的成长。KZ 法所营造的自然交流可谓恰到好处。

于是，对于接下来每 2 个月举办一次的改善会，除了当时位于日本国内的 2 家工厂（三乡总部工厂、白河工厂）之外，还邀请了海外 2 家工厂（中国、菲律宾）的代表参加。

大部分现场原本就积累了许多改善创意。

为了完成交办给自己的工作，任何一位现场作业者自然都会想方设法地尝试。若需要复杂的加工处理，想必也会思考"究竟该怎么做""怎样才能更有效率"。出现问题时，也会设法采取预防措施，研究"如何才能避免相同的问题再次发生"。发驰精工的现场作业者们也是如此，认真对待工作，每天都尝试采取一切可能的措施，确保生产优质产品，并如期交货。

但遗憾的是，当时的发驰精工制造现场并未形成回顾问题并总结经验的机制。类似的改善或创意基本都没有实现体系化，也没有向其他生产现场横向展开，而是直接消失无踪了。其中或许就有高效的技术诀窍或针对故障的预防措施。

这对企业而言是一大损失。

改善发表会的目的在于防止改善这一珍贵的企业财产陷入沉寂。我相信，通过共享各工厂所实行的改善，挖掘优秀的改善创意并给予肯定，将其横向推广，定能提高企业的信息化和共享化水平。

改善发表会的目的还不止于此。

对于经营者或管理者而言，改善发表会还是发掘现场的潜力并充分运用于经营的重要平台。本书读到这里，各位读者已明白，**改善力是一种重要的经营资源。**

对于得到肯定评价的作业者而言，改善发表会无疑是提高工作积极性的平台。他们报告的改善案例大多是在实际工作流程中司空见惯的经验。若能得到经营者的直接认可，必然能够鼓舞士气。这也是对企业整体改善驱动力的强化。

③　海外工厂开始共同参与改善发表会

发驰精工的改善发表会按照每 2 个月一次的频率举办，每次都持续整整 1 天的时间。会场基本上都设定在总部工厂。参会人员包括社长、董事、日本国内 4 家工厂的负责人以及数名改善执行者，中国、菲律宾等海外各个工厂的社长及当地代表也会前来日本参会。不仅如此，包括销售、设计、系统、管理在内的所有部门相关人员也都参与其中，对近期实行的改善内容进行报告。

制造部门与其他各部门的成员
相互协作，共同实行 KZ 法

设置余料存放区
实现可加工长度的可视化

刚开始，大家报告的内容基本上都围绕着各个工厂所实行的 KZ 法、发现的问题点以及解决问题的对策等。

↓

将整个工厂的工具
摆放到主通道上

↓

在其他部门的协助下
按规格进行整顿

库存货架的整理、整顿与标识的改善

货架编号标识

KZ法学习会

区域分布的指示吊牌

实行KZ法，甄别不必要、不紧急的物品

注明作业规范

按期划分区域，实现固定库存的可视化

设备清扫日需全员参与，安装空气过滤器　　　　吸入口污垢堆积，没有定期进行清扫

从最基本的整理、整顿、清扫等 3S 开始实行改善。

在相互之间缺乏深入了解的情况下，只能交换信息，无法提高改善力。为此，企业对改善目标及流程的填写格式进行了统一。这一举措对系统性思维模式的建立有着极大的帮助，避免改善沦为一时兴起的单独行动。

对于现场的参与者而言，改善发表会是一座创意的宝库。只是漠然地听着，对他人的创意发出感慨是没有任何意义的。所有的参与者均可借机思考"这个创意怎样才能在自己工厂实现并发挥作用"。

发驰精工格外注重改善的横向展开，希望 1 家工厂所取得的良好改善成果能够在其他各个工厂复制推广。

但是，即使上级强烈要求"模仿那家工厂"，实际现场

记录改善目的及流程的统一格式纸

也未必能如愿开展。因为不同的生产现场都有各自坚持的做法，一旦产生"不得不做"的抵触情绪，改善将难以推进。

改善发表会的关键在于自发性。

现场的每一位作业者都希望提高自身的制造技术水平，创造出更好的产品。看到优秀的改善报告，自然会想到"怎样才能将其应用于自己的工厂"，并当场展开讨论。这种发自内心深处的积极行动才能成为强大的精神动力。

4 将改善横向展开至所有工厂

在某次改善发表会上，总部工厂报告了一项"便于使用的生产计划板"改善创意。

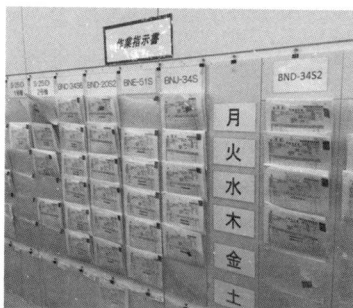

将作业指示单放入立板中

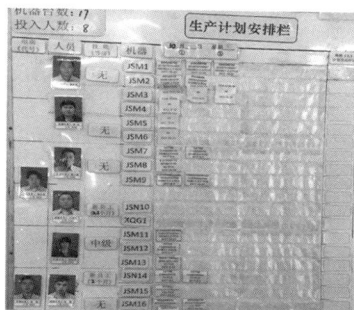

中国工厂也引进了同样的生产计划板

发驰精工所经营的业务，有着订单内容确定慢、确定后反复变更等特点。因此容易出错，导致客户投诉或因误判造成损失的情况时有发生。

这次介绍的生产计划板是一种将作业指示单放入立板的装置。结构虽然简单，但能在浏览整体内容的同时进行局部调整，非常实用。对于这项改善创意，所有的参与者都表示赞同，当场决定进行横向展开。于是，两个月后，这项改善被成功推广至所有的工厂。

改善发表会通常在上午结束，下午则举行工厂参观会。

参观会提供了一个见证 PPT 上介绍的改善内容的平台，使大家置身于现场，亲眼确认实物。实际前往现场，能够加深对共享信息和技术的理解。借助这个平台，能让大家共同

利用参观会，面对现场和实物确认改善的内容

探讨改善的横向展开及更进一步的改善，使其更具体地扩展至所有的工厂。

⑤　提高所有工厂的改善水平

各工厂的改善始于整理、整顿、清扫的 3S 水准，通过共享其他工厂介绍的改善创意，多次实行横向展开，从而不断提升改善的水平。

安装在机器设备上的底板

实行整个企业统一规格
改善后的底板主体

有一次，中国工厂的一名技术人员报告了一项在工厂的加工中心安装底板的改善案例。

底板是一种被称为"夹具"的辅助工具，用于确定零部件或工具的位置。结合实际用途对金属板进行附加加工，便可实现加工夹具设计的模块化和绝对标准化。长期以来，加工夹具每次都是由各个工厂根据需求单独进行制造的。

不过，大家很快便发现，中国工厂介绍的基板结构非常好。于是，大家当场决定制造适用于整个企业的通用规格底板，并一次性推广至所有的工厂。自然而然地，在制造出基础底板的中国技术人员周围，形成了全体技术人员的交流圈，大家开始深入探讨设计图纸等问题。

之后，所有工厂的加工中心都安装了全企业通用的底板。通过这项改善，整个企业的工序准备时间得以减半，即使是小批量生产也能提高生产效率。

⑥　女员工不经意间的改善所引发的变革

此外，在某次改善发表会上，一名女性员工报告了自己所实行的细心改善。

她报告的主要内容是，每当接到新的订单时，她会在文件中附上过去类似产品的设计图和加工工序表。考虑到或许有助于缩短设计负责人的绘图时间，从而采取了这一贴心的举动。除此之外，她还利用 Excel 对迄今已有的案例进行了梳理总结，介绍了一种充分运用过往类似设计的格式表。

报告者本人似乎只打算以**"贴心的工作推进法"**为主旨，做一场简单质朴的改善报告。

然而，在场的各位社长及董事们听了却大为震惊。

发驰精工的企业客户数量超过 1000 家，为持续满足客户的多样化需求，每天都会制作新的设计图。倘若所有的工厂都能减少这方面所耗的时间，那么"交期吃紧"的大难题便可迎刃而解。

于是，企业立即以发表会上报告的格式表为基础，开始对过去的设计数据进行数据库化。以技术部门为中心，将类似的设计模式化后重新加以整理，并配置相应的加工方法，完成了数据库。最终，设计时间无一例外地得以缩减。即使客户的订单规格不一，发驰精工也能像处理标准化产品一般迅速应对。

通过持续推进包括海外工厂在内的全面改善活动，发驰精工的加工精度进一步提高，准时交货的可靠性和价格的合理性得到了顾客的广泛认可。最终实现了企业销售额的持续增长。2016 年在鹿儿岛设立了新工厂，中国工厂、菲律宾工厂的规模也在不断扩大。

总结

以改善发表会为平台，共享各个现场工厂所实行的改善成果，并持续推进提高企业整体改善水平的活动。

其中，发表会上介绍的中国工厂底板改善、女性员工简单质朴的细心改善等案例，有助于企业"有效应对多样化订单需求"，促使发驰精工发挥出产品开发方面的强大优势。

现场人员总是以"想要制造出更好产品"的心态对待日常工作，而这场改革的契机也是源于现场人员的微小改善。正因为全体员工团结一致，才能从普通的改善中，引发促成重大经营改革的巨大改善。

【实例 5】

与合作厂商共同实行改善，使商品更加美味可口，实现销售额的大幅度增长

株式会社 A 制果

成立时间　1980 年

资本金　7000 万日元

员工数量　120 人

行业类型　点心制造、零售业

工厂　日本国内 5 家工厂

关键词　合作厂商参与、KZ 法、改善发表会、社长对味道的坚持

1　A 制果改善前的状况与社长的想法

A 制果是一家高级点心制造商，其产品畅销于日本全国的各大主要百货商店。除了销量稳定的主力产品之外，新开发的产品销量也曾稳步增长。然而，市场的变化日新月异，少子高龄化的影响今后也会越来越大。

K 社长强烈地意识到，面对未来的挑战，必须进一步提升产品力。为实现这一目标，不仅需要高层的战略主导，还需要员工们积极参与实行改善。除了企业自身之外，还要与合作厂商齐心协力，集中力量实行最有利于整体的改善。于是，2011 年 7 月，我接受了企业的改善指导委托。

实行改善指导时，我先与 K 社长一起参观了 A 制果的 2 家工厂，分别是点心制造工厂与包装工厂。进入现场后，面对每一位擦身而过的现场员工，社长都会满脸微笑地招呼道："辛苦了！"员工们也会开心地回应道："您身体好吗？"看到现场其乐融融的场景，我一下子喜欢上了这家企业。

不过，社长并非只有温和的一面。在工厂内四处查看时，他总是会品尝正在制造的产品，并给出诸如"今天做得很好吃"或"稍微检查一下烘烤火候"之类的反馈。表情虽然依旧是笑眯眯的，但下达的指令却直截了当，让人感受到他在味道方面决不妥协的坚决态度。这也向全体员工传达了"A制果始终追求美味"的信息。

第一次参观2家工厂带给我的感受是，二者均以工厂负责人为中心，具有很强的凝聚力。工厂里的每一名员工都有努力完成生产的强烈意愿。这也是长期以来积累的改善成果的体现。

不过，考虑到社长担忧的未来情况，还需要实行进一步的改善。尤其令人在意的是，工厂的可用空间特别狭小，工厂内部几乎没有可扩展的余地。

库存是导致工厂空间越来越小的原因之一。A制果的主力产品是什锦点心（各色混装），是在1个盒子里装入多种点心的产品。要做出一件成品，需要多种点心作为"零件"，并且在进行装箱时，必须同时提供所有的"零件"。因此，工厂自然早早地就准备了大量的库存。

结果，不仅导致中间库存大量堆积，生产管理也变得更加复杂。偶尔还会出现生产计划上的延迟。现场之所以堆满了物品，没有扩展的空间，也是因为如此。

另外，实现产量的增加也并非易事。在满足店铺供应方面虽然没有问题，但现场人员已经忙碌不堪。目前，尽管各个工厂已经实行了各种各样的改善，但在我看来，这些改善大多是工厂单独开展的，只适用于局部优化。也就是说，这并不是建立在整个企业信息共享基础上的整体最佳改善，所能取得的效果有限。

倘若在这种状态下增加销量，生产速度很可能跟不上，导致发货出现延迟，最终产生店铺供应方面的问题。若为避免这一问题的出现而强制现场进行生产，将很有可能引发品质下降、生产效率降低、成本上升等问题，迟早会影响到企业的经营管理。另外，工序的停滞也会造成食品新鲜度的下降，从而导致顾客满意度降低。

就怎样才能改变这种状况，我进行了深入思考。

据了解，A制果的生产模式是除了企业自身的工厂之外，还要与合作厂商相互协作，共同完成最终的商品形态。要实现整体最优的制造流程，合作厂商参与改善将是最好的选择。为此，正如 K 社长最初的设想，A 制果决定不再孤军奋战，而是与合作厂商共同实行改善。

尽管如此，参与改善的合作厂商所采取的态度难免存在差距。由于各个合作厂商均已分别实行了改善，有的企业便产生了"如今才来提改善……"的想法。而且，当时各企业之间的合作还不够充分，他们同样处于负荷满满、疲于应对的状态。记得当时还出现了"根本不可能往前推进"等反对或抵触的声音。

② KZ 法的实行

A 制果的社长、董事、员工以及各位合作厂商齐聚一堂，举办了第一次集体会议。会上，我主要谈到了以下内容。

"我知道在座的各位都已经实施了各种各样的改善。不过，尽管已经付出了巨大的努力，最近却涌现出许多新的问题。因此，这次我们不再各自为战，而是与大家共同实行改善。希望大家能够共享目标，相互协作，从而实现产生协同效应的改善。

"迄今为止的改善主要是为了在发生问题时解决问题，恢复到原来的状态，大多属于解决问题型改善。但这次实行的改善，目的并非解决问题，而是为达成课题。我们的目标不再是各企业单独开展的局部优化，而是整合为一体的整体最佳改善。"

这番话虽然吸引了大家的注意力，但这只不过是理论。与传统改善的区别实际体现在哪些方面，想必大家并不了解。

改善最重要的是付诸行动。

为此，我们决定先以 A 制果的主力工厂"H 工厂"为对象，在包括合作厂商在内的全体员工中实行 KZ 法。

说实话，很多来自合作厂商的参会者都将这次改善会当作咨询顾问的讲座。因此，听说要实行全员参与的改善活动时，在场的人都感到很吃惊。

合作厂商的相关人员也参与了这次改善活动。KZ 法要求包括社长在内的全体参与者分别粘贴 30 张卡片，但他们恐怕是第一次进入母公司的工厂，有些不知所措。既不了解情况，又处在母公司的生产现场，自然会产生顾虑："真的能贴卡片吗?"

因此，我向他们提出了请求。

"KZ 法就是一场用卡片代替嘴巴的头脑风暴。卡片贴得是否正确其实并不重要。即使贴错了，撕下来就行了，总之请大家大胆地去贴。"

最重要的是**将 30 张卡片 1 张不剩地全部贴出去**。要求合作厂商的各位参与者也要果断尝试。

刚开始，大家觉得将 30 张卡片全部贴完似乎是不可能的。然而，实际操作后发现，在凌乱的现场贴出卡片其实并不难，眨眼间就结束了。另外，尽管事先提出了"请大家边大声交流边贴卡片"的要求，但大家在执行过程中还是自发地畅谈自己的发现和见解，由此产生了各种各样的想法和创意。从这个阶段开始，思想的交流和信息的共享便自然而然地形成了，工厂之间过去存在的壁垒、企业之间存在的壁垒开始打破。

实行 KZ 法会产生 2 种结果。

其一是可用空间。

通过 KZ 法，以工厂内并不宽敞的某一区域为对象，在区域内的物品上贴上数百张卡片，将物品运出工厂。如此一来，这片区域就会变得空荡荡的，产生多余的可用空间。搬离的物品均为 1 个月之内不使用或有问题的物品，生产所需的物品基本上都保留了。

其二是对话。

搬出去的物品虽然都是近期用不上或不需要的物品，但这些都是个人在工作过程中造成的结果。造成这种情况的原因是多方面的，例如制造过量、采购过量或存放场所不明确等。实行 KZ 法时，由于所有的作业当事人都在现场，因此能够面对现场的实物进行根本性的改善对话。

当时，A 制果希望在自己的工厂生产新产品，但由于 H 工厂没有满足条件的可用空间，差点要被迫放弃。不过，在召集约 30 名参与者实行 KZ 法改善后，眨眼间就腾出了足够的空间。

与此同时，大家还能对生产现场存在的问题进行共享。例如现在所需的物品及数量等信息的传达，现场方面的整顿不到位导致无法顺利分拣等现状或课题也变得愈发清晰。

这次的改善活动还产生了另一大效果，即致力于全新改善活动的热情。

对于日常工作的现场，当物品泛滥的环境变得司空见惯时，大家会轻易地认为改变环境是不可能的。然而，**通过实行 KZ 法，大家就能切实感受到依靠自己的双手不断创造出新空间的事实**。当大量空余的可用空间呈现在眼前时，参与者们便会自然而然地联想到"下次可以尝试那么做""那片区域可以这样处理"等诸多优秀的创意。当过去认为不可能而放弃的目标或从未有过的想法成为现实，大家从中获得"能做到"的体验时，对今后共同推进改善活动提供了巨大的支持。

KZ 法改善前的 H 工厂　　　　　　实行 KZ 法之后，空间变得宽敞开阔

通过实行 KZ 法，以往未曾发现的课题或问题也会充分暴露。此时，参与者往往因担心社长发火而战战兢兢。不过，

参加这次改善活动的社长们却完全没有生气，反而笑着鼓励道："这种方法不错，能够充分暴露问题，要再接再厉啊！"可以说，这种态度也激发了参与者的积极性。

另外，能够在短短几个小时内取得如此显著的成效，这一点也尤为重要。这并非一个部门单独努力的结果。正因为跨越了企业、部门和职务的隔阂，才在短短数小时内顺利完成。包括合作厂家的人员在内，改善活动的全体参与者都共享了这次体验，成了今后推进改善的巨大原动力。

实际上，在场全体参与者都能确定的是，目前指出的大多数课题（工厂内的库存过多、工序准备时间较长等），仅靠 H 工厂自身是无法解决的。

例如，在粘贴标签时，由于过去收到"材料不足"的信息，于是匆忙换模重新制作，结果却被搁置一旁，没能派上用场。需要做好保鲜管理的产品有时也处于无法优先进出库状态。这些问题靠个人是很难解决的，在会议室解决的话又容易沦为追究责任的形式。不过，若与前后工序的负责人一同置身现场，面对实物，自然便会产生"这要怎样才能解决呢"等尝试解决问题的探讨，更容易得出答案。

过去的改善是由不同的企业、工厂分别开展的。对于其他企业所实行的改善，以及自身的改善成果会对其他工厂产生怎样的影响，大家其实一无所知。通过这次改善活动，实现了全员共享，尽管还有些模糊，但大家都开始建立"接下来要怎么做才能解决现在的问题"的基本概念。

换言之，这次改善活动提供了一个让全体人员了解并共享今后开启的全新改善的平台。要求所有的参与者分别在自己的工厂实行 KZ 法，并融入自身的独特创意。继而在此过程中发掘各个工厂存在的问题点，由全员掌握共享。

③ 定期改善会、改善发表会（上午部分）

之后，企业开始定期举办改善会。每个月，大家在 A 制果的 H 工厂集合，上午由 A 制果的各工厂、合作厂商分别报告自己所实行的改善。

定期改善会的参加人员以 A 制果的社长为首，包括中高层员工、所有工厂负责人、主管及所有合作厂商的社长、中高层员工等。所有相关人员齐聚一堂，互相倾听大家分别实行的改善内容。由于报告的内容极为具体，一旦发现能用于其他工厂的改善内容，便当场发出实行横向展开的指令，并将所取得的成果在下一次改善发表会上进行分享，若在某一家工厂实行的改善效果较好，便会立即推广至其他工厂。

事实上，工厂内隐藏着大量需要改善的问题点。然而，大多数问题都掌握在各个负责人手中，并未暴露在外。当然，在生产效率下降、品质参差不齐等问题出现时，从繁重的工作任务中抽身应对，避免问题严重恶化，也往往是负责人对个人能力的展示。

但是，随着定期改善会的举办，所有的工厂都要报告改善的内容，情况便截然不同了。

各个工厂负责人开始尝试再次寻找需要改善的问题点并付诸实践。于是，过去隐藏的问题便作为改善对象逐一浮出水面。

暴露出来的问题大多是仅凭工序负责人一人之力无法解决的严重问题。按照常规流程，机器设备故障等问题通常会向上司汇报，交由上司处理，但上司由于太忙而迟迟未处理的情况却不在少数。在这种情况下，上司往往会采用"先看看情况吧"的态度敷衍了事，直到发生重大故障。

针对这一点，通过定期改善会，以工厂负责人直接参与、实行改善为前提，因此不会将问题留给工序负责人或部门。并且，由于所有与问题相关的人员都会参加改善会，大多数问题很快就能得到解决。

在现场，抱有"大家都很忙，不好意思打扰""不能只考虑自己"等顾虑，或因"不知该如何开口提要求"而将原本应该处理的事情往后拖延的情况颇为常见。但是，像这种仅靠自己处理不了、大家齐心协力立即就能解决的问题，工厂里其实比比皆是。

在多次举办定期改善会，开始逐一解决各工厂长久拖延的问题之后，企业发生了更大的变化。过去几乎从未提过任何要求的生产现场也开始主动发声，提出"这里最好能修一下""希望能解决这个问题"等期望。

恐怕长期以来，现场工作人员已经认定了现状"无可奈何"，因而一直保持沉默。但匠人精神催生了变革。修好机器设备的故障不仅能够提高生产效率，还可以缩短产品接触空气的时间，进一步提升产品的品质。毫无疑问的是，现场的工作人员与社长一样，有着制造美味产品的强烈愿望。

对于作业者而言，自身的工作变得更加轻松也确实值得庆幸。但是，通过自己的工作，制造出更加美味的产品，也能带来更大的成就感。正因为如此，一直默认现状"无可奈何"而不断妥协的现场人员，才开始萌生整顿环境、优化产品的意识。

这种意识的变化在整个企业齐聚一堂的改善发表会上也有所体现。

在各个工厂实行的改善主题中，作业者过去认为实现难度较大的改善主题占大多数。尽管在报告成功实例时介绍了"采用这种方法更加高效实用"等经验，但大家并未就此止步，而是纷纷展开探讨，对实例进行深入挖掘。

例如，是否存在与该工厂改善前状况相似的其他工厂，能否在对改善前后的情况进行对比的同时实行其他改善方案等，从一个改善实例中激发出更多的想法和创意，思维愈发活跃。

通过定期改善会，强化了工厂在产品制造上的品质坚持，随着要求的不断提升，最终延伸至销售和技术等环节。当然，包括合作厂商在内，这种变化是企业整体共享的。

K 社长的愿望开始逐步实现。

我所主导的改善 4.0 还有一个关键点需要注意：

那便是不可拘泥于量化。

一般的改善大多通过金额效果或品质提升效果的量化来体现成果。不过，若坚持用数字来衡量改善效果，那便意味着无法量化的部分将变得毫无意义。

与此相对，A 制果的改善即使无法量化，只要取得了明显成效，也可作为改善成果在发表会上报告。以设备外壳老化导致蒸汽泄漏，重新更换外壳为例，这种情况通常被视为"修理"而非"改善"，但在 A 制果也可以作为改善案例报告，只要有横向展开的可能性，也会当场共享推广至各个工厂。

类似的改善若推广至各个工厂乃至整个企业，定能对产品品质及成本产生积极影响。不仅如此，由于任何一名员工不经意间提出的简单创意也能获得认可，对于所有参与者而言，改善仿佛近在咫尺，从而促使企业的改善势头愈发强劲，效果也会越来越明显。

针对各个工厂所报告的改善内容，K 社长每次都会从经营者的立场给予评价。能够得到社长的直接评价，对于改善执行者而言，想必也是莫大的鼓舞吧。社长不仅对所有的改善表示感谢，还在郑重表扬改善内容的基础上，从经营者的角度提出了希望继续保持并进一步扩大等具体要求。语气虽然和缓，内容却是坚决的指示与命令。各个工厂均表示接受并予以执行。

大家之所以能接受指令，是因为 K 社长作为经营者，总是能从顾客的视角看待问题。要博得顾客的欢心，就必须将点心制造得更加美味。为达成这一目标，只有一种可行的办法，那便是确保在各道工序中制作出高品质的产品，并缩短整体的前置时间。通过改善会，实现了这一产品制造方针的全员共享。

最终，定期改善会成为相关参与者实行各项调整的平台。好不容易想出的创意或主题如果"带回去找其他机会"，恐怕很难实现。若能让参与改善的人们**产生"只要当场提出自己的想法，基本上都能立即执行"的真切感受，大家自然而然地都会选择这么做**。

例如，生产管理部门开展了减少店面库存的改善活动。在此之前，工厂的生产量是由运送到店铺的产品数量决定的，改善后则变更为由店铺的实际销售量决定。同时，向店铺供货的频率也从隔天送货改为每天送货。事实上，各商场内的店铺都很狭小，均为缺乏足够的商品存放空间而苦恼。

对于成效显著的改善创意，同样要通过改善会，聚集所有部门的人员，实现信息的共享、探讨及调整完善。除了自身负责的工序之外，前后工序、顾客及其他部门的信息均由全员共享，因此可以实现整体最佳改善。

4 定期改善会、工厂参观（下午部分）

下午则在 H 工厂进行参观。

当然，并非单纯的参观。全体参与者都将收到一张"礼品、收获清单"。

礼品是指在参观现场的过程中想到的建议。

收获是指希望将现场看到的优秀改善实例运用于自身的请求。

下午的工厂参观要求大家在考察现场时，在礼品、收获清单上，每类至少填写 1 项内容。通过这种方式，合作厂商也能毫无顾虑地指出问题点，并将优秀的改善创意带回去。对于双方而言，无疑是一场极为有效的参观活动。

　　所有的参与者都热情高涨，对现场进行了细致观察，并写下了各种批评建议及评价。特别是 K 社长填写的"礼品、收获清单"，总是密密麻麻写满了字。从清单的特质来看，无论是严厉的指摘还是正面的评价均可填写，埋下了更多改善的种子，现场的士气也进一步提升。

K 社长的"礼品、收获清单"

在某个月的工厂参观环节，大家查看了包装工序的作业现场。

这道工序需要把放在前面的盒子装进一个大袋子里，现场负责人有些为难地开口道："操作起来其实很困难，要是袋子能再大一点的话就轻松多了。"确实，作业人员的装袋过程看起来十分费劲，任谁都能切实感受到其中的难度。

结果，在场的销售设计负责人却简单地回应道："改变袋子的形状不就行了吗?"生产现场的作业人员根据自身的认知，或许认为更改袋子的设计是不可能的，对此他们感到十分震惊。然而，当所有参加参观活动的人在现场看到实物时，袋子便立即更改为更大、更容易装入的设计。不仅如此，其他所有难以装入的袋子也全部更改了设计，外观也在过去的基础上进行了优化。

这可以说是**置身现场面对实物展开讨论的优势**所在。有时很轻松便实现了过去未能做到的事。

5 "利润"是改善意想不到的副产品

就这样，在整个企业的改善活动持续了数年后，发现某种现有产品的销售额在不断提高。

由于改善会上只公布整体的销售额，一开始大家还以为是新产品的功劳。不过，为慎重起见，在确认详细内容后发现，不仅仅是新产品，现有产品销量的增长对销售额也有很大的贡献。令人惊讶的是，自改善会启动以来的 6 年时间里，销售额保持每年同比增长 10% 以上。

对于这款现有产品，企业从未做过专门的广告宣传。一开始大家都不知道为何其销售额会突然增加并持续增长。后来，通过询问销售部门等方式了解到，自改善会开始后，便取得了显著的成效。当然，毫无疑问的是，整个企业一直都在竭力提升产品的风味。不仅如此，**通过实行包括合作厂商在内的全员改善，生产前置时间得以缩短，通过设备改善及作业改善，品质方面的不均衡现象也得以消除，确保商品以更加新鲜的状态送到了顾客手中**。销售额提高的原因在于，通过持续推进全员参与的改善，实现了产品美味度的提升。

这个成就不是依靠上级发出"卖出更多产品！赚更多利润"的命令就能达成的。

A 制果所实行的全员改善，遵循的理念是让顾客满意，让员工更加轻松地工作。各个部门分别通过改善，设法解决遇到的问题，提高作业的便捷性，消除产品风味上的不均衡，作为持续推进改善的结果，产生了利润增加这一副产品。

可以说，正因为**实行现场的持续改善这一"战术"，产生了销售额增长等意想不到的良好结果，这一战术转而成为企业提高销售额的"战略"**。

像这样，在以著名的丰田生产方式为代表的日本制造业，偶尔也会从战术性的现场改善中诞生企业经营战略。A 制果的情况可谓正是如此。

总结

在这个实例中，对于社长所提出的"全体人员齐心协力提高产品力"的期望，企业并未采取自上而下对相关部门下达指令的方法，而是依靠改善活动，发动全体员工积极解决实际遇到的问题。

社长本人也亲身参与改善，直接对改善内容给予好评，并要求进一步深入推广，提高了员工们的积极性。

改善最初从部门内部的相关整理整顿开始，继而发展为跨部门的工序流程的改善，实现了各相关企业的全员参与，最终达成了提升产品力、提高销售额的初衷。

5 家企业改善成功实例的 8 个共同点

至此，我们介绍了 5 家企业通过改善所实行的经营改革。

这些改革是如何取得成功的呢？

线索应该就潜藏在这些成功实例的共同点中。本章的最后将对这些实例的 8 个共同点进行阐述。

这也是顺应未来时代，实行全新改善的关键。

<共同点 1>社长亲自参与现场改善活动

在上述介绍的实例中，无论哪一家企业的社长都积极参与现场的改善。这一点与大多数企业所实行的改善活动有着明显区别。

在传统改善中，社长通常扮演设定目标或挥舞旗帜的角色，并且取得了颇为突出的成果。例如 TQM（Total Quality Management：全面质量管理）活动中的戴明奖（由日本科学技术联盟运营）、TPM（Total Productive Maintenance：全员生产维护）活动中的 TPM 奖（由公益社团法人日本设备维护协会运营）等，设定挑战目标，整个企业竭力开展活动，争取获奖的方法便是其中的一个例子。

明确企业的前进方向，宣布挑战目标的人虽是社长，但按照步骤实际开展改善活动的主体却是现场。

而我所指导的改善4.0，通过实行 KZ 法和微改善，由社长直接参与现场改善活动。在履行经营者原本的职责和使命的同时，与现场作业者、员工们共同推进现场改善。

作业时大家手脚齐上阵，嘴巴也不闲着，在一片"喧闹"中开展。在发现成效时，社长会当场提出表扬，在进展不顺利时，社长会与大家一起思考解决办法，给予鼓励。在这个平台，组织内部的壁垒与职责分工的隔阂自然都会消失。可以说留下的只有每个人的个性、风格、创意，以及达成目标所需的干劲和执行力。

另外，对于现场作业者和员工们而言，这种改善活动也是直接了解社长的想法及企业存在的问题，并加深理解的机会。正因为如此，才会产生意想不到的巨大成果。

在改善 4.0 中，社长的作用不再是单纯地制定战略、对部下下达指令。在制定战略方面虽然与过去相同，但战略的实施需要与部下共同参与。

在我看来，这种方式能够充分挖掘出潜藏在现场的改善力。

在现场作业者和员工们的脑海中，积累了许多有助于企业经营的可贵经验和创意。然而，员工本人往往没有意识到其价值。因此，自上而下单方面发出指令的方式无法很好地发挥作用。另外，在自上而下型改善中，将担子最终压给一名负责人的情况十分常见，个人能力与干劲不足也会带来负面影响。个人所实行的改善往往还会因丰富的经验而阻碍思维的发散，因害怕失败而寻求安稳的结果。

与此相对，改善 4.0 则以社长为首，所有制造相关人员齐聚现场，自由地交换意见。在征求自身专业领域的意见时，想必每个人都能坦率地说出自己的意见和想法，而不必担心失败。

由于现场还有其他部门的人员，因此引发连锁反应、激发丰富创意的情况也不在少数。

并且，由社长直接听取、赞扬、认同这些创意，将进一步提升在场人员的改善积极性，点燃大家的改善热情。

对于社长而言，现场富于差异性（多样化）的创意也是实现经营战略的宝贵财富。针对发现的问题，也能当场下达指令。

相对于欧美的自上而下型经营模式，日本采取的是自下而上型经营，有人认为这便是成就日本制造业强大实力的秘诀。然而，仅靠自下而上型模式并不能实现强大的经营。

经营者必须认识到自下而上型组织的力量及其有效性，并在经营中充分加以利用。可以说，只有这样的社长才能带领企业支撑起日本的制造业。在上文介绍的 5 个实例中登场的社长，都证明了这一点。社长亲身参与现场改善活动的情景或许是日本独有的。改善 4.0 也只有日本的企业才能实现。

<共同点 2>社长对企业未来的发展前景有明确的规划，并广泛告知员工

这 5 个实例中介绍的任何一家企业，其社长对自身企业未来的发展目标都有着清晰的规划。并且，利用各种各样的场合向员工积极传达。

矶野 Body 的矶野社长认为，"若一直充当地方上的承包商，大家费尽辛苦也赚不到钱，企业也没有前途。必须尽快提高效率，否则对不起大家"。大塚产业资材的大塚社长基于"三方受益"的理念，提出"为了让员工们彻底安心，必须向汽车以外的行业进军"。天昇电气工业的石川社长认为，"希望尽快将企业从倒闭的危机中重建，给员工们发放奖金"。发驰精工的大田社长提出："希望将位于世界各地的所有工厂都打造成拥有同等高技术水平的工厂，朝着全球化发展进一步迈进。"A 制果的 K 社长则认为："要将产品制造得更加美味，博得顾客的青睐。"

在各个企业举办的改善发表会上，这些愿景将与大家所

报告的改善相结合，综合进行评估。并且，针对今后的应用方向做出下一步决策。

对于从事现场作业的员工们而言，自身企业的经营愿景似乎遥不可及。尽管明白其重要性，但无法具体想象它与实际工作之间的关联。

改善发表会可谓是为此制定的战术。通过这一平台，建立企业愿景与改善之间的具体关联，力求将发展成熟的改善最终打造为企业的具体战略。

<共同点3>动员多个领域的人才广泛参与改善

在实行KZ法时，社长自不必说，制造、销售、设计、技术、管理等所有部门的代表都会尽可能地参与。决不能只交由特定的部门来实行。职位也是如此。社长、董事、管理层、普通职员、钟点工、劳务派遣人员、外籍员工等，现场相关的所有职位的人员都要尽可能地参与其中。决不能只交给部分管理者或负责人。大多数企业平时恐怕不会举办如此大规模的会议吧。但这其实是目标所在。

在企业这个组织中，平时大家都分别履行各自被赋予的职责，从不同的角度参与工作。若一直单纯处于这样的环境中，那么即使拥有共同的问题意识、课题或改善创意，也缺乏相互分享的机会。在某些情况下，对于有些人认为无法解决的重大问题，其实可以交由另一个部门的负责人来解决，但双方却都没有意识到这一点。

KZ 法的现场则截然不同。

来自不同领域、不同职位的人们齐聚于实际现场，从各自的立场展开思考并发表意见。而其他部门员工们的发言当中，或许包含着自己过去不曾了解的现场实际状况或思考。这些从日常的分工体制中无法获取的信息，有助于了解企业整体的产品或信息流向，加深对自身工作的理解。这样更有助于激发令人震惊的全新改善创意的诞生。

若统领整个企业的社长能够参与其中，改善的效果将进一步提升。若社长在场，对于现场提出的改善创意，便能立即做出予以实行的判断。针对 KZ 法暴露出的整个企业的问题点，可以当场组建最佳组合的团队来解决。

对此，只有能够做出决断的人（社长）、掌握信息的人

（现场的员工们）以及实物等三者齐备才能实现。

依靠某一名员工或某一个部门绝对无法完成的工作，在大家齐聚一堂时便能一口气轻松解决，这种情况不在少数。然而，在分工制运营的企业组织中，如果不进行复杂的调整，实行这一点恐怕并非易事。

各领域人才广泛参与的 KZ 法则是实现这一目标的有效方法。

<共同点 4>降低改善门槛，确保全员参与

在改善 4.0 中，将模仿他人或小修小补等细微的努力均视为改善。这一点完全不同于传统的改善手法。

一般来说，大部分改善所追求的条件是具备独创性或金额效果突出。但是，在这种条件的限制下，"让现场工作变得更加轻松的创意"等不能产生金额效果的改善或许得不到认可，无法提高员工们参与的积极性。

这对企业而言当真是好事吗？毫无疑问，若现场作业变得轻松，能够有效减轻作业者的负担，对生产效率或产品品质产生积极影响。降低员工们参与改善的积极性，对企业来

说显然是一大损失。这些创意也需要作为改善予以认可、评价，并在整个企业进行共享。而各个企业所实行的微改善，正是解决问题的方法之一。

在执行改善时，不能只让员工们"尽可能地去尝试"，而要以近乎命令的方式，要求"全体员工每个月至少实行 1 项改善"。这个要求虽然看似严格，但由于改善的内容无论是模仿还是修理均可，因此任何人都能轻松执行。

随着这一机制的导入，过去一直被搁置的现场问题将稳步得到改善。这些改善虽然大多是他人的模仿或微小的创意，但只要持之以恒，便能切实体现在企业的产品品质或生产效率上。现场的员工们若能意识到这一点，改善的热情还将进一步高涨。继而在不知不觉间，对于企业持续的变革，员工们将变得习以为常。

现场的持续变革也将成为日常。

<共同点 5>坚持举办改善发表会

改善发表会是指从现场所实行的改善中选取优秀的

改善案例，召集包括社长在内的相关人员出席，定期进行报告。

发表会上报告的改善创意由全员进行共享的同时，高层会当场下达指令，是通过横向展开加以推广，还是在现场进行更深入的改善。接到指令后，返回现场的参会者将继续进行改善，为下一次发表会做准备，如此循环反复。

改善发表会上报告的内容涉及范围很广，随着改善的持续推进，其内核也在逐渐发生变化。

开始，改善的内容以解决现场问题或环境整顿为主。对于此类改善，同样认真给予认可，与大家共享，逐步提高现场的改善执行力。渐渐地，整个现场将形成"不可马虎敷衍"的专业氛围，改善水平也会不断提升。

于是，参会者报告的改善内容范围变得越来越广，涌现出诸如希望更多人了解的发明或重大发现、夹具等多多益善的改善创意。尽管如此，整理整顿相关改善始终是基础，无论水准提升至何种程度，这类改善都不容忽视。

换言之，改善发表会可谓促成了一种"大家齐心协力共同改造企业"的状态。这将是一种以日本传统的互助精神为动力的协作式工作方法，完全不同于西式基于指令运作的工作模式。

改善发表会同时也是培养员工的良机。

由于要在包括社长在内的众人面前发言，发言者需要做好相应的准备。除了改善前后的对比照片之外，对于日常业务中无须用言语表达的作业或问题，要认真思考如何以浅显易懂的方式传达给经营层和其他部门的员工。因此这也是培养员工，促使员工成长的有效途径。

<共同点 6>有推进改善并应用于实际业务的建导师

建导（facilitation）具体指的是鼓励员工们参加会议，积极发言，并梳理谈话流程。负责这项工作的人就是建导师，建导师基本上不发表意见，不参与决策。

在发表会上发现能够横向展开的改善提案时，则需要确定目标部门并指导其进行模仿。若能及时发出指令，就能当场向原本的改善执行者进行详细咨询，并将设计图复印件等资料带回现场。若按照这个流程顺利推进，便能在下一次改善发表会之前，横向展开至所有的工厂，并报告改善结果，确认改善成效。

不过，若缺乏信息的整理或相关指令，横向展开将耗费更长的时间，或完全没有意识到横向展开的可能性，那么现场也不会有任何改变。

建导师的作用就在于防止类似情况的发生。

在把握企业发展方向的基础上，朝着有利于企业经营的方向，对员工们报告的改善提案加以引导，这是建导师参加会议的目的所在。

另外，在 KZ 法或改善发表会结束后的工厂参观环节，参会者们一齐进入现场。面对现场的实物，大家你一言我一语，展开热烈的探讨，与会议室的讨论氛围截然不同。这些意见虽然都很重要，反映了现场的具体呼声，但顺其自然并非上策。

建导师需要将这场宝贵的经验交流充分应用于企业经营，做好信息的互通及整理，形成有利于整体的最佳改善提案。具体来说，以与问题直接相关的人员为中心，请他们发表意见，引导大家产生协同效应。在上文介绍的 5 家企业的实例中，均由我担任建导师。

<共同点 7>所有推进经营改革的改善之种均源自企业内部

5 家企业的实例都取得了巨大的经营成果。

需要注意的是，这一切成果无一不是源自企业内部。通过外部购买、导入或寻求他人的帮助等方式是无法实现的。矶野 Body 新入职的女员工不经意间的发言，发驰精工的贴心改善等，无论哪一件改善案例，均由企业自身的现场改善活动中脱胎而出，促使企业经营产生变革，取得了巨大成果。

在中小型制造企业的经营者中，认为"要实行重大变革，需要大量的专业知识和巨额资金"，从一开始就认定自己必然做不到的人不在少数。

然而，事实并非如此。

首先，经营者必须思考企业应当如何顺应今后时代的变化，明确企业的发展愿景，并在企业内部加以共享的基础上，从自身力所能及部分开始实施改善。继而，与全员共享改善，在探讨最有利于整体的实施方案的同时，一步一步向前推进，就必定能够找到答案。

上文介绍的 5 家企业也并非从一开始就明确了发展方向。

相反，他们的成功都是在黑暗中摸索，一步一个脚印地坚持实行现场改善的结果，在不断积累的过程中，逐渐发现自己所需要的，并专注于此。于是，企业应当前进的方向也更加明确，改善水平也得以不断提升。

要点之一在于鼓励自发性的改善。

按照上级指示所实行的改善，由于负责人的理解并不充分，因担心失败而采取求稳应对方式的情况并不少见，容易造成半途而废的结果。

将改善的主题交由员工们自主决定，在自由发散的思维中更容易催生各种各样的改善创意。这些创意若能在改善发表会上得到认可，想必现场的人员会更加积极地提出自身独有的改善创意。

这意味着全体员工都在尝试寻找自己所追求的改善要素。这样的企业必然有所成就。

<共同点8>做到"立即执行"

实例中列举的5家企业，均是做到了"当场立即执行"的企业。

在发驰精工与 A 制果的改善发表会上，为了汲取优秀的改善创意并横向推广而出席会议的其他工厂代表当场便会下达指令。行动十分迅速，改善的结果在下一次的改善发表会上便会公布。大塚产业资材与天昇电气在改善发表会之后，社长和董事每次都会共同参与实行 KZ 法。对于新入职的女员工不经意间提出的创意，矶野 Body 当即予以试制，并迅速打造了一款名为 FUV 的新产品，成为进军服务领域的关键。

每当有人问我"什么是改善"时，我都会回答"改善就是立即执行"，并稍作补充，强调"当场能做的事情马上就去做"。

即使出现了有潜力的改善创意，若不能"立即执行"，那么在下一次改善会召开时，依然要讨论"由谁负责、何时去做、如何去做"等问题。相比于"立即执行"，这种方式实行起来要晚得多。

不仅如此，在现实情况中，因人员选择或部门间的调整而进展困难，需要耗费更多时间，或改善规模小于预期，甚至无限向后拖延，最终无法实行的例子其实不在少数。

不过，只要企业提供改善发表会等必要人员聚集的平台，并做到"立即执行",就不会停滞不前。

当然,"立即执行"也有可能会失败。但失败是反复试错的结果,是确定优先顺序、决定下一步该做什么的依据。"立即执行"的失败结果是向前迈出的一步。事实上,仅此一项就可以节省大约两次会议的时间。

在经营方面,没有比"立即执行"更快的途径。

第 3 章

用户主导时代的改善"KZ 法""微改善"

在加利福尼亚发现日本改善的厉害之处

参观世界顶级 IT 企业的办公室

2015 年 11 月，我有幸对位于加利福尼亚的 Google 和 Ev-ernote①进行了参观考察。众所周知，这两家企业在全世界为数众多的 IT 企业中均属顶级。脑海中事先预想的场景是，在名牌大学取得博士学位的优秀人才们在研究室里埋头于各自的研究。

然而，实际情况却完全不同。办公室内并没有私人研究室，也没有隔断分区。宽敞的空间里摆放着普通的四方形办公桌，与日本过去的办公室风格简直一般无二。

但某些方面也有所区别。坐在办公桌前的人很少，大家都分散在各处，站着交谈。另外，包括走廊在内的所有墙壁都做成了白板，上面记录着的大量笔记也给我留下了深刻的印象。

在参观 Evernote 时，遇到 2 名女性和 1 名男性正在过道

———————

① Google：谷歌；Evernote：印象笔记。

上交谈。我对他们的谈话内容产生兴趣，便上前搭话，发现其中 1 名女性是副社长，另外 1 名女性是市场营销人员，剩下的 1 名男性则是技术人员。

在日本，进行跨部门之间的交流时，多数情况下必须获得上司的许可。我很在意他们是否也要走这套古板烦琐的流程，便询问道："经过上司同意了吗?"

结果，3 人面面相觑，似乎完全不能理解我的问题。并非我的发音不标准，而是一副听不懂意思的神情。我解释说，在日本，跨部门沟通需要做很多准备……他们笑着回答道："**现在还搞那一套的话，恐怕跟不上时代变化的速度吧**。"

于是我继续以开玩笑的口吻说道："我还以为大家都埋头在自己的研究室里做研究呢，看来并非如此啊。"然而，对方脸上的笑容消失了，严肃地反驳了我。

"只顾着开发商品是不行的，对于如何销售、如何获取利润我们同样负有责任。因此，仅凭一己之力是无法做到的。"

这便是主旨所在。

他们是一个团队，负责探索市场需求、开拓（创造）市场、生产（制造）商品、销售（贩卖）商品的全过程。

世界顶级企业与日本制造业的共同点

目睹世界顶级企业的工作方法之后，有两点让我备感震惊。

第一点是工作的速度感。他们认识到了市场的瞬息万变，并根据市场变化的速度对工作进行调整。这一点虽然让人惊讶，但在某种意义上也可以说是意料之中。

第二点是企业内所有参与 "创造→制作→销售" 的人都聚集在一处，迅速做出决策并付诸行动的工作状态。聚集在一起的并非某一个部门的人，也不是在大会议室里听某一个人讲，而是相关人员全都站在白板前，各自用记号笔持续深入研究议题，并予以实行。这或许也是为了追求工作速度吧。

不仅如此，我偶然遇到的 3 人中也包括副社长。管理层也置身现场，与员工们站在相同的视角展开探讨，并根据具体情况灵活做出决策。

一旁站着的，明显是我这个身为局外人的日本人。但他们几乎毫不在意，继续进行交谈。后来我从向导处了解到，事实上他们当时所做的，是一项极为重大的决策。这实在让人难以置信。但这若是事实，那便是真正的速断速决，恐怕没有比这更快的速度了吧。

在整面墙壁都设置为白板的空间里，人们侃侃而谈，深入交换意见，并迅速做出重大的经营决策，说实话，这样的现场让我叹为观止。

不过，回到日本后，我的这种印象发生了改变。

经过深入思考，我发现美国企业**"召集相关人员整体进行思考，立即得出最佳解答"**这一令人叹服的做法，不正是日本制造业所擅长的吗？

自此之后，这种想法在我脑海中变得越来越强烈。

他们的工作方法恐怕并不是美国模式，反倒更像是日本的经营方式。

在日本制造业开始引领世界时，索尼的创始人井深大、盛田昭夫，本田的创始人本田宗一郎等经营者们都曾身穿工作服亲临现场。面对实物，与现场的工作人员以完全相同的视角频繁进行具体细致的对话，例如**"怎样才能让这件产品更受顾客青睐呢"**等。

当然，形式上与现在的IT企业有着很大的区别。不过，站在顾客的立场上思考，将所有相关人员聚集在一起，发挥出强大的现场力和经营力，二者在这个意义上是相同的。

当时，日本制造业现场所进行的探讨与现在的Evernote水准相当，甚至更高。并且，在我看来，正因为这两家企业采取了与曾经独占鳌头的日本制造业相同的做法，才得以领先于世界。

无论如何，通过这次参观考察，我确信自己在日本生产现场所实行的改善4.0与Google、Evernote的工作方式是相通的。

在变化速度不断加快的今天，走在世界前列的企业与日本制造业曾经拥有的强大经营力、现场力以及人才优势，在本质上是相同的。以中小型制造企业的制造现场为舞台，用简单的改善方法挖掘其本质力量，并加以磨砺，从而创造更大的成果，这便是改善4.0。

摄于美国加利福尼亚的 Evernote 总部，身旁是我的妻子

摄于 Google 总部，旁边是 Google 街景车

传统改善的局限与今后的改善

应对用户主导时代

正如本书第 1 章所述，制造业所处的环境，目前正由市场主导转变为用户主导。在市场主导时代，产品虽然也能热销，但问题在于产品种类繁多，究竟哪一种能成为畅销品还是未知数。

丰田生产方式所采用的"补充畅销商品"等方法解决了这一问题。如此一来，即使没有库存，顾客也无须等待，成就了日本制造业的强大实力。

然而，到了用户主导时代，"产品能热销"这一市场主导时代的前提已然崩塌。这样的话，日本制造业长期以来引以为傲的**"高效制造、低价出售、占据市场份额"策略便行不通了**。究其原因，在用户主导时代，既然产品畅销已不再是前提，那么在制造何种商品、如何做得更好等方面追求管理和效率是无法取得成果的。

今后，我们将进入一个**需要"创造让客户满意的具备附加价值的商品"的时代**。当然，制造现场的改善也需要顺应市场的变化而做出改变。

在市场主导时代，改善的中心是消除浪费和 5S。

这些都属于在制造现场这一范围内去除不必要的事物、提高效率的活动，不能称之为创造全新事物的活动。以往的改善活动确实取得了一定的成果，但若拘泥于过去，**只靠"更加努力"的话，恐怕无法在接下来的时代生存**。

用户主导时代要求创造出赢得顾客青睐的产品。过去追求效率的改善力只不过是建立了其前提条件。今后，我们所实行的必须是能够创新、创造出满足各户期望的产品的改善。

为此，欧美企业或许会委托专业机构。但在本书第 2 章介绍的 5 家企业实例中，这样的机构并未登场。每一个实例均由企业的员工们独立实行改善，完成了立足于市场及顾客视角的创造。

这 5 家企业实例中所包含的小故事，揭示了进入用户主导时代日本制造业应该采取的态度。**渡过时代难关真正需要**

的创意并不在企业外部,而在企业内部。

倘若全体员工都意识到企业存在的问题,共享危机感,大家便会萌生强烈的改善意愿,现场的每一个人都能提出改善创意。

大家所在的企业也定能实现这一点。

本章将为大家介绍实现目标的具体方法。

首先,我们将对当前日本制造业存在的问题进行梳理。在今后即将实行的改善中,解决或克服这些问题至关重要。

"未来改善需要解决或克服的 3 个问题"

1 阻碍改善实行的组织内部壁垒

进入企业工作时,大家应该都有过这样的感受,如"为什么我们企业总是做些无关紧要的事""为什么我们不能改变效率低下的工作方式"等,许多企业都存在这种情况。

造成这种情况的原因主要有两个。

一是企业内部的壁垒。可以说组织作为人的集合,必然存在着某种壁垒。因形式上的职责分工而形成的分割或孤立的壁垒（组织之间的壁垒）、因权力关系而形成的从属壁垒（上下级之间的壁垒）等便是其中的典型。

另一个是职责分工引发的淡漠。企业的工作基本上是分工制，因此大多数人只了解自己所涉及的领域。因此，各部门分别得出并执行的最优解只能带来局部优化的结果。

从指导改善的咨询顾问的立场来看，这两点是极大的阻碍。

举例来说，即使所有参与者都赞成社长提出的目标，但若出现"这与我们部门无关""先从那个部门开始比较合理"等论调，便无法实行具体的改善。换句话说，总体上虽然赞成，但涉及具体实践时却突然转变为反对的立场。如果发生这种情况，企业经营根本无从改善，聘请顾问也毫无意义。

要想快速实行改善，必须破除这些壁垒。然而，破除壁垒却是一项相当艰巨的任务。

2　培养人才的"学习平台"萎缩

与 20 世纪 60 至 80 年代相比，当前产品制造现场的学习机会已大幅度减少。

乘着日本经济高速发展的浪潮，包括中小企业在内，大多数制造企业都积极开展以 QC（Quality Control：品质管理）小组为代表的小团体活动。QC 主要是将现场的人员召集在一起，对现场发现的品质问题进行分析，并实行改善，一度成为提高日本产品的品质，获得全世界消费者信任的原动力。

在接触实物的同时，现场的全体人员畅所欲言，坦率地进行交流，形成了一座信息的宝库。这也是一个让员工们加深对未知事物的了解、拓宽知识领域的机会。在培养人才方面，无疑是一个宝贵的学习平台。

另外，这些小团体活动也是让员工们在企业整个产品制造流程中确认自身作用的重要场所。对于凭借一己之力无法实现的宏大目标，在大家相互协助下便能达成，若能具体描绘出这样的场景，员工们的积极性也会进一步提高。

换句话说，像 QC 小组这一类的活动，不仅仅是为了提高品质，也是向参与活动的现场人员传授大量知识的重要平台，包括产品制造相关的总体知识、推进方法、交流沟通的技巧、自己在企业所发挥的作用等。可以说，通过这种方式培养起来的人才奠定了企业现场力的基础。

但遗憾的是，现在很多企业要么减少了小团体活动的举办频率，要么干脆彻底放弃。理由通常是工作太忙、因工作方式改革而没有时间开展，或因外籍员工较多导致无法沟通等。

结果如何呢？

重要的学习平台不复存在，作业者便只能简单地重复着被告知的作业流程。产品制造的原理、原则自不必说，对于自己负责的作业具备怎样的意义，员工们大多也一无所知。长此以往，即使不影响日常业务，在发生意外状况时恐怕会束手无策，无力采取应对或改善措施。

诚然，改善活动的推进存在着当下特有的困难。

不仅如此，在用户主导时代，若像以前一样开展 QC 小组等小团体活动，很可能无法产生预期的结果。这是因为过去的小组活动以制造现场为中心，无法着眼于市场产生整体最佳结果。

这就意味着，对于未来的改善，必须创造一个在不断适应新时代的同时，确保人才能够从市场的角度学习并成长的环境。

3　少子高龄化加剧与 ICT 化相关课题

日本由于出生率的降低和人口的老龄化，人口数量正在持续下降。如果将 15 岁至 64 岁划定为劳动年龄人口，那么现状是劳动年龄人口的减少速度远高于日本整体人口减少的速度。根据日本总务省的统计，日本的劳动年龄人口从 1950 年的 5000 万左右开始持续增加，于 1995 年达到 8700 万左右的顶峰，之后便逐渐开始减少。预计到 2030 年，这一数字将减少至 6800 万左右。

我们必须认真面对这个事实。具体而言，必须提高劳动生产效率，确保生产效率增长的速度超过劳动人口下降的速度。

近年来，迅速推广使用的 ICT（Information and Communication Technology：信息通信技术）便是为了实现这一目标。提起 ICT，想必不少读者都听说过德国制造业革新项目 "工业 4.0" 的概念。很多报道称日本在这一领域落后了 1 至 2 轮。尽管如此，但由于导入 "工业 4.0" 需要高额资金，认为实行可能性不大的人也不在少数。

在自上而下型经营模式较为普遍的欧美，作为能够获取各类信息的庞大系统，企业经营者是"工业 4.0"信息的主要销售目标，其价格极为昂贵。

脱离庞大的系统，从"促使现场作业更加轻松便捷，提高产品品质，博得顾客青睐所需的要素"这一视角出发，在改善自身企业的过程中，明确优先顺序，实现 ICT 在改善中的充分利用，便能以更低的成本导入。这可谓是只有实行包括经营者在内的现场改善活动的日本企业才能做到的 ICT 有效利用法。

以我指导过的企业为例，通过 ICT 实现了工厂设备运转率的实时显示。具体做法是在各个设备上安装信号灯，并在蓝色指示灯（亮灯表示正在运转）周围缠绕探测光线的传感器（数百日元），连接到一台名为树莓派的微型电脑（数千日元），将信息整合后在 1 个画面上显示。工厂负责人和管理监督者能够通过智能手机随时查看信息。

这种设备共有 10 多台，但花费的总成本不到 10 万日元。

缠绕在信号灯上的光传感器

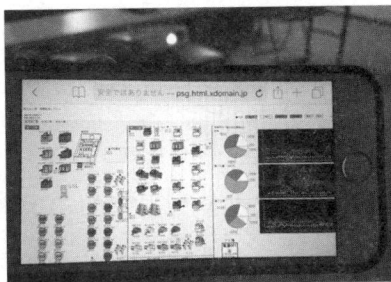

可通过智能手机查看工厂内的
设备运转情况

　　通过这种方式，许多曾经需要精通高额投资的专家指导
才能购买的信息设备，近来却变得相当便宜，更便于处理。
学习 ICT 相关知识，按顺序在企业现场进行必要的设置，推
进信息的可视化，对于中小企业而言绝非难事。

　　若按照优先顺序稳步推进 ICT 改善，那么便能在不知不
觉间真正建立起应用于整个企业的 "工业 4.0" 机制。

面向用户主导时代的 "改善 4.0"

　　按照我的观点，日本的中小型制造企业今后应当消除组
织之间的壁垒，基于现场和实物认真进行研究学习，提高改
善的质量与数量，全体员工之间要进行真诚的交流。对于这

套正确的理论，想必大部分读者都会赞同。

然而，无论理论如何正确，若不能具体实行，无法实现目标，便毫无意义。

柿内式改善所主张的"改善 4.0"正是达成目标的有效方法。接下来将对其进行详细阐述。

在整个企业实行改善的情况下，改善 4.0 首先需要实施的是 KZ 法。原则上要以社长为首，各部门的人员都要齐聚现场。

所需时间共计 3 小时左右，但效果可谓十分突出。

通过实行 KZ 法，将在企业内掀起过去从未有过的讨论热潮，明确企业内部真正存在的问题。并且，大家还能共同建立"今后要齐心协力推进改善，一起改变企业"的思想准备。

为何能引发这样的效果呢？

那是因为 KZ 法是破除组织之间的壁垒、实现整体最佳改善的有效方法。

企业的业务通常是分工进行的。常规的经营周期是由开发部门负责研发产品，设计部门负责绘制图纸，技术部门负责制定工序，销售部门负责接收订单，采购部门负责采购材料，制造部门负责生产，物流部门负责配送，最后收取货款。按照部门进行分工是理所当然的。

然而，若要实行业务整体的最佳改善，这种机制却会造成负面影响。由于大多数员工只了解自己直接从事的工作和所属的部门，因此找不到解决企业整体问题的方法（＝整体优化），即使干劲十足，也只能提出局部优化方案。

常规的企业活动无法打破这种"组织内部的壁垒"。不管如何强调企业的未来愿景，也只会增加员工们"被迫服从"的抵触感。

不过，倘若实行接下来介绍的 KZ 法，便能轻松打破这道壁垒。

KZ 法也是破除组织之间、上下级之间的壁垒，揭示企业真正存在的问题，形成整体最优的有效途径。

在改善 4.0 中，针对 KZ 法所暴露的整个企业的问题，将由包括兼职人员和外籍员工等在内的全体人员共同进行改善。此时需要用到的便是微改善。

微改善正是实现"全员"改善、发掘潜伏在企业内部的隐藏能力的有效方式。并且，微改善还能为每一名员工创造自己在企业中所处的位置。

什么是 KZ 法

KZ 法的诞生：

KZ 法的正式名称为**"将现场、实物与企业整体改善相结合的经营者参与型改善技法"**。

这种方法诞生的根源在于我的上一任工作。

正如本书开头所提到的，自大学毕业后，我进入日产汽车公司工作。不少咨询顾问都曾到公司进行指导。由于这一时期日产在日本国内的市场份额持续下降，亟须实行变革。然而，这样的咨询却未必能取得成果。在我看来，进展不顺利的原因之一在于指出缺点后再令员工改正的指导方法。之所以这么说，是因为我听闻高层干部被指出不足之处时并未受到鼓舞，反而认为是顾问的调研存在不足。

按照我的想法，首先应该肯定日产的优点，再一起思考需要改变的地方，最后予以实行，这才是更为妥当的指导态度。顾问们为什么不采取这种方式呢？对此我感到颇为费解。

之后，出于某个契机，我立志成为一名咨询顾问，于1991 年 12 月从日产汽车公司圆满离职，开始从事产品制造相关改善的咨询指导。

我在接到咨询委托时，总是要求社长在指导当天务必陪同。然而，最初我并没有做到这一点，通常是换了工作服，和社长打过招呼之后，便只身前往现场，对作业者进行改善指导。傍晚指导结束后，我会再次去找社长报告当天的改善情况。

当然，有了上一任工作时的经验，我本应该在肯定现场人员的基础上共同实行改善，成为一名有助于企业经营管理的顾问。然而在实际指导的过程中，曾对他人高高在上的指导态度嗤之以鼻的我，同样以"品质较差，应该多开展 QC 小组活动""现场杂乱，要增加 5S 的次数"的口吻，采取了对现场员工们进行单方面批评的指导方式。

结果，这种方式无法激发现场员工们的积极性，与我自己所描绘的"为企业经营做出贡献的现场改善"相去甚远。

就在这一时期，发生了一件十分幸运的事。

当时，我接到了指导工厂改善的委托，前往一家机械加工企业进行指导。到达现场后，发现工厂脏污狼藉，杂乱不堪。过于脏污的环境让我没能像往常一样进行单方面的说教式指导，而是提议"大家先一起把现场收拾打扫干净吧"。考虑到带头示范的重要性，自己也动手搬东西、擦机器，一心扑在清扫整理上。

正在我拼命干活时，周围打扫卫生的工作人员无意间的交谈突然传到了我的耳边。

"这个放在这里用起来更方便""设备打扫干净后就能看到有缺陷的部位，以后故障也会减少" 等，清扫作业开始没多久，大家便提出了许多积极的改善意见。并且，在清扫作业即将结束时，大家依然继续着 **"今天打扫之后就这么结束的话太可惜了""今后要是继续对整个工厂进行定期清洁的话，就能进一步提高效率吧"** 等精彩对话。

这才是我真正想要实行的改善！

我感觉自己似乎有了一项重大发现。

不过兴奋只是一瞬间，很快我便开始冒冷汗。

因为我不知道该如何向社长报告今天的工作成果。若如

实说 "我一整天都在打扫工厂" 的话，对方可能会终止咨询合同。尽管内心忐忑不安，但我还是老老实实地报告了今天的情况，幸好没有因此被炒鱿鱼。

这次经历让我产生了两个想法。

一个是像今天这样的整理、整顿活动或许可以请社长或其他部门的人员共同参与。只靠现场的作业者与我便提出了好几个创意，激发了积极性，若经营者也参与其中，想必能取得更好的效果。

不仅如此，有了社长的参与，那么个别优秀创意还能当场付诸实施。

另一个想法是进一步缩短时间。尽管活动成效十分明显，但要耗费一整天的时间，着实太长了。若利用实际的制造现场，请社长和各部门负责人都参与其中，应该最多三个小时便能完成。

于是，我开始考虑将这一想法付诸实践的具体方法。参考对象之一便是 5S 实践法中广泛用到的**红牌大作战**。这是一种在工作现场不需要的物品上粘贴红色标签的方法，但不能直接采用。正当我还在思考怎样才能在短时间内取得成果时，接到了汽车维修设备关联企业 Y 公司的指导委托。

第一次见到 Y 社长时，我试着向他说明了自己当时的想法。当我提出"希望社长也能参与实行"时，对方欣然应允。

当时，Y 公司在生产管理方面运行不畅。员工们在堆满了半成品库存和剩余零件的工厂环境下工作，开始对经营产生不良影响。

第一次改善活动是由大家共同实行的，包括社长在内，所有课长级别以上的干部，以及制造现场的人员均参与其中。进入现场后，大家开始找出 1 个月内不使用的物品并贴上卡片，面对搬离现场的不必要物品，大家展开了"为何会出现这种情况""怎样才能防止问题再次发生"等探讨。

于是，自然而然地，参与者们纷纷提出了积极意见。按照这个节奏，一下子确定了全体干部共同参与的改善方针。结果，库存在短时间内便得以减少，生产延迟问题也得以解决。作为这次改善活动的提议者，我本人也对其成效和速度感到惊叹。

随着 Y 公司改善的持续推进，产生了大量的现金流。

为了对现场生产效率提高的成果充分加以利用，有人提出了改变过去以批量为单位交付产品的模式，按照销售企业所期望的单位进行交付的想法。这是参加了第一次改善活动的会计部长的提案。当然，他同时还提出了要以票据付款期限减半为条件。这一改善给 Y 公司带来了大量现金。

也就是说，Y 公司的现场改善不仅限于生产部门，还扩展至设计部门、采购部门等，甚至连会计部门也受到了积极的影响。

自初次改善后大约 1 年的时间，Y 公司完成了经营改革，实现了重大转型。

之后，Y 社长对我说了这样一番话：

"这次改善的亮点在于第一天粘贴卡片的活动，那次活动确实很不错。以此为契机，我们公司才得以改头换面。那个方法是柿内先生你自己想到的吗？"

自此，我便开始将这种方法应用于各类改善指导中。继而反复实行改善，最终形成了现在的 KZ 法。

之后，我有幸向时常关照我的庆应义塾大学理工学部管理工学科的中村善太郎教授（现任名誉教授）介绍了这套改善技法，教授表示很感兴趣。在此之前，我一直只将其视为一种容易取得成效的改善方法，但教授启发我说："成效的背后一定有足够的事实支撑。我认为这是一项值得进行学术研究的课题。"这番话让我备受鼓舞，决定在教授的指导下开展学术研究。KZ 法这一名称也是在研究过程中确定的。2006年 3 月，我获得了庆应义塾大学授予的工程博士学位。本书收录了当时的研究成果。

KZ 法的概要和基本步骤

在此我们先就 KZ 法（将现场、实物与企业整体改善相结合的经营者参与型改善技法）的概要再次进行阐释。

从表面上看，KZ 法给人的印象或许与工厂现场经常实施的 5S（整理、整顿活动）相同。不过，KZ 法需要包括社长在内的经营管理团队、制造部门以外的销售、设计、技术等部门负责人组成的全明星阵容共同参与执行，这一点与 5S 有着很大的区别。

将以上所有成员聚集在一起似乎很困难，但 KZ 法只需 3个小时左右即可实行。这样的话，无论是社长还是销售、设计等部门负责人，都能在百忙之中安排时间参与。若大家能切实感受到 KZ 法的成效，那应该就更不成问题了。

<步骤 1>给近期不用的物品贴上卡片

让参与者们在工厂问题最严重的区域集合，给全体参与者每人发 30 张左右的卡片。然后，动员大家找出一个月内用不上的物品、用不完的物品，以及用得上但有问题的物品，并贴上卡片。

此时发出的指令不应是"现在是困难时期，请大家尽量多贴卡片"，而要采用"请全体人员务必将卡片一张不剩地全部贴出去"等方式来表达。

另外，对于某一件物品，只限最先贴上的一张卡片才有效。为此，要把 30 张卡片全部贴完，就必须仔细查看现场的每一个角落，寻找问题点。参与者们需要打开工具箱检查，查阅架子上的文件，或查看闲置的纸箱等，才能把卡片全部贴出去。

由于社长和其他各部门的领导都在场，气氛通常会有些紧张，而在尽可能轻松的环境下自由实施 KZ 法，所取得的效果更好。因此要设法消除参与者的紧张感。

我采取的方法是用开玩笑的口吻与大家搭话，例如，"常有人问我'既然要找一个月内用不上的东西，那把卡片贴在工厂负责人的背上行不行'，这是不行的，禁止贴在人的身上。""哪怕手里只剩一张卡片，大家也要负连带责任，不贴完就不能回去，请大家务必加油！"

以本书第 2 章介绍的天昇电气为例，社长带头营造气氛。一边大声说道："竟然还有这样的东西。用不上了吧，我要给它贴上卡片！"一边十分干脆地往大家意想不到的物品上粘贴卡片，率先将 30 张卡片全部贴完了。这一举动鼓舞了现场的所有人，大家开始放心地粘贴卡片。这是企业后来开拓出具备里程碑意义的可用空间的重要一步。

实行 KZ 法粘贴卡片的场景，架子上贴满了卡片

　　A 制果在实行 KZ 法的过程中，来自合作厂商的社长们也受邀参与卡片的粘贴。但毕竟是母公司的工厂，大家难免有所顾虑。倘若发出"请尽可能多贴"的指令，能贴出去的卡片恐怕寥寥无几。不过，由于规则是"所有人都要将卡片一张不剩地贴出去"，因而不会出现这种情况。大家一起认真查看现场，寻找有问题的物品，将全部卡片都贴了出去。

　　在贴卡片的过程中，大家有时会犹豫不决。

　　若要正确粘贴，需向现场的作业者询问："这件物品是什么情况？"然而，这是禁止事项。大家必须按照自己的想法直接去粘贴卡片，不得向他人询问或进行调查。即使贴错，事后撕下来即可，因此不会有问题。

　　因为 KZ 法其实是一种头脑风暴。

　　头脑风暴（Brain Stoming）的重点不是追求想法的准确性，而是大量激发创意。

　　我们可以将 KZ 法粘贴卡片的过程视为一场用卡片代替言语的头脑风暴。

　　既然是头脑风暴，那么即使粘贴卡片的理由出错也无妨，其他人或许还会指出别的原因来佐证。并且，这种误解还有可能引发大家提出新的问题。

因此，关键是不要担心出错，要大胆地去贴。

在不熟练的情况下，粘贴卡片的速度因人而异。

性格谨慎的人贴起来或许很慢，在这种情况下，需要先贴完的人提供帮助。

全体人员贴完分发的所有卡片的时间以 30 分钟左右为宜。

完成之后，便可进行下一个步骤。

\<步骤 2\>将贴有卡片的物品搬出并分类

接下来，将贴有卡片的物品全部搬出去，并分成 3 类。

具体分类为**"不必要""不紧急""必要但有问题"**。"不必要"指的是确实不需要的物品，"不紧急"指的是 1 个月内用不上但之后会用到的物品，"必要但有问题"则是字面意思的物品。

分类作业或许比粘贴卡片更加困难。尤其是"不必要"或"不紧急"的判断，非常容易混淆。

不过，在分类作业中，询问现场作业负责人同样也是被禁止的。因为得到的回答基本上如出一辙。

"这件物品我用不上，感觉应该是不需要的，但其他人可能会用到，以后再确认吧。暂时先放在'不紧急'的类别中吧。"

公司里堆满明明不需要却一直搁置的物品，原因大抵在于这句话。其实，公司里的所有人都抱有同样的想法：**"自己虽然不需要，但其他人应该用得上吧。"** 结果，现场空间变得越来越小。

因此，当分不清"不必要"还是"不紧急"时，应要求大家采取更加严格的分类，即归类为"不必要"。

即便划分为"不必要"类，也并不代表会直接丢弃。在丢弃之前还会进行讨论。

事先做好说明，请大家放心大胆地去搬运。

完成这项作业大约也需要 30 分钟。

数百件物品被搬出去后，原本狭小的工作环境应该会一下子变得宽敞整洁。这种空荡荡的开阔状态要请全体参与者亲眼见证。这才是工作现场应有的样子，只放置**"现在要用的物品"**。

介绍 KZ 法时，有人问我："不需要把贴着卡片的物品一件一件地搬出去，用数码相机拍照，再对数据进行分类岂不是更快？"但这种方式无法让全体参与者共享眼前的场景。

将贴有卡片的物品搬出并分成3类

不必要的物品搬离后现场原本的样子

看到如此开阔的空间，最高兴的是经营者。

增加客户数量，开发新产品都需要足够的空间。许多中小企业的社长都因"没有足够的场地，无法施展拳脚"而放弃。知道工厂里其实有这么大的空间，自然会欣喜不已。

不过，现场人员不会像经营者一样产生如此深刻的感慨。

这是因为类似的景象在过去的整理、整顿活动中也经常能看到。但整理、整顿活动的效果只是暂时的，第二天就会有人随手乱放，很快便恢复原状了。

因此，认为"这次也一样，很快就会恢复原状"的人也不在少数。但是，KZ 法并不同于过去的整理、整顿活动。

<步骤 3>面对不必要的物品，全员展开问题探讨

下一个步骤是提出并探讨问题。

这一步可以明显看出 KZ 法与传统整理、整顿活动的区别。

对于现场堆积的大部分不必要的物品，现场作业者即使觉得"不需要"，也不会轻易丢弃。而在这次活动中，现场既有能够决断处理不必要物品的人（经营者），还有制造产品、采购物品的人（其他部门的领导）。二者在这一点上区别很大。

生产现场的杂乱也是其他部门的工作共同造成的结果，例如设计上的缺陷、采购过量或处理不良品的决策缓慢等。

贴着卡片的无用物品堆积如山，可谓是将这些问题暴露在外的具象化体现。

倘若造成这种情况的"嫌疑犯"能够意识到自身的问题，实行根本性的改善，便能消除隔阂，还原现场应有的状态。

那么，究竟该怎么做呢？

此时，现场有两个具体的现象摆在我们面前。

（1）去除了不必要物品的现场＝应有的状态（近似理想状态）

（2）搬离出去的不必要物品的集合＝全体人员应该解决的问题

对于第（1）点，全体人员之前已经看过了。这便是现场应有的状态。

在此基础上请大家确认需要解决的第（2）点，并齐聚在 3 个分类中归为"不必要"类别的物品前。

然后宣布如下内容。

"之前虽然跟大家说过'不会直接丢弃'，但还是决定全部处理掉。"

如此一来，必然会出现反对的声音。对于"这些物品扔掉的话绝对会出问题"的呼声，则尊重其意见返还相关物品。但真正需要返还的物品通常只有少数几件，其他大部分意见都只是吐苦水而已。事实上，无人需要的真正意义上的"无用品"比大家想象中的还要多。

这些无用品则是最终需要处理掉的物品。不过，在处理之前还有一些事情要做。为防止相同的问题再次发生，需要以社长为首，组织全体人员进行深入探讨。

KZ 法的活动现场聚集了多个部门、职位的人员。在这种情况下展开讨论，能够自然而然地从预防问题再次发生开始逐步深入，直至追溯到问题的根源。

· 这是什么，为什么会在这里？
· 决定丢弃的原因是什么？
· 怎样才能解决这个问题？

通过这些交流探讨，最终会形成各部门的具体想法，例如更改设计或减少采购批量等。由此便可在社长的指示下，实现单凭现场无法实现的重大改善。

KZ 法之所以加深探讨，促使具体的改善更易于执行，是因为需要改变的东西（＝要解决的问题）实际摆在眼前。

尽管按照常理或均值难以向前推进，但若对眼前的具体事物进行改善，就很容易着手了。并且，实行 KZ 法要求相关人员都在场，能够实现日常分工中无法做到的改善。

本书第 2 章介绍的 5 家企业的实例也是如此，首次实行

KZ 法后，一直未能着手解决的企业整体问题随之浮出水面，通过整体最佳改善，这些问题都在短时间内得到了解决。

　　为确保讨论顺利开展，在实行 KZ 法之前，务必向社长提一项要求。

　　那便是**决不能发脾气**。实行 KZ 法时，定然会暴露出严重的问题。社长若因此大发雷霆，员工们便会心生怯意，无法向下一个步骤推进。为了防止这种情况的发生，必须请社长积极鼓励大家："现在开始做出改变！"

　　当然，仅凭一次 KZ 法并不能暴露企业的全部问题。

　　不过，针对此时发现的问题，若能通过跨越部门间壁垒

不必要的物品有时需要数台卡车来装

的改善来解决，哪怕只解决一个，也能成功开启 "接下来要进行哪一项改革" 的企业整体优化。

另外，针对作为本次讨论对象的物品，则由全体参与者共享大量的知识和建议，把握整体情况。这次的经验还将成为在未来催生出整体最佳改善的种子。

最后一项作业是处理掉 "不必要" 类别的物品。

有时，不必要的物品的数量之多甚至需要数台卡车才装得下。上一刻还在工作的场所中的物品竟然有这么多是不必要的，这种真切的感受可与全体人员共享。

KZ 法产生的另一个效果在于，通过**要求全体人员共同执行这一系列步骤，促使大家建立团队意识**。这是提高员工积极性、消除部门间隔阂的有效手段，也是实行企业整体改善的第一步。

以上便是 KZ 法的概要和步骤及其主要成果。

阐述至此，认为 KZ 法绝非稀奇古怪的方法，而是极为普通的改善手法的读者应该不少吧。

事实确实如此。为何这么多企业都能通过如此普通的方法取得显著的成效呢？作为实施者本人，长期以来我也感到很不可思议。

但是，通过之后的实践和博士论文的研究，我逐渐加深了理解。我将其简单概括为**KZ 法取得成效的六大原则**。

"KZ 法的六大原则"

1　真正的问题存在于现场

企业需要解决的真正问题都存在于现场。但这些问题的特点是轻易看不出来的。发动全体人员擦亮眼睛找出问题，并一口气实行改善可谓是实现企业整体改革的捷径。

前面介绍的 5 家企业实例也是如此，在实行 KZ 法之前，企业存在的问题和解决方向一直不明确。KZ 法能让全体人员同时亲眼查看现场，由此开始齐心协力实行改善。

2　在最高经营者的强力领导下全员参与实行改善

最高经营者强有力的领导能促使全员参与改善活动，从而取得经营成果。不过，这里所需要的不仅是战略制定层面的领导能力，还要在实际现场面对实物共同实行改善。

实例中列举的 5 家企业，社长们都亲自参与 KZ 法和微改善提案等项目。并且，另一个共同点在于，每一位经营者都采取了"大家齐心协力共同改善"的态度，而非自上而下地发号施令。

3　认清问题，把握现状并明确目标（理想）

若能通过现场实物等简单明了的形式，对"现状"与"理想状态"有清楚的认识，就更容易解决问题，更容易找到实现目标的方法。

通常，理想状态只能通过想象来把握，但通过 KZ 法，能够亲眼看到整洁开阔的工作现场，尽管它只是一种模拟。不仅如此，为实现理想状态而必须改善的对象，也以"不必要物品"的形式呈现在眼前。换言之，不同于常理或一般理论，我们可以清楚地看到以现场实物为对象的具体改善途径。

4　通过现场实物认识到的问题，能迅速采取行动解决

当需要解决的问题以现场实物的形式摆在眼前时，便可迅速采取行动，无须另外进行探讨。在本书第 2 章的实例中，

5家企业均当场做出决定，并尽量当场执行。当场执行的话，就能立即确认结果，还能当场向下一步改善具体推进。这种体验能让参与者们切实感受到节奏之快，有利于提高整个企业的改善速度。

5　面对现场实物进行交流效果更佳

KZ法通过现场实物进行沟通交流（选择、搬运、分类、讨论、丢弃）方式具有打破角色分工和组织壁垒的力量。在日常工作中，部门之间的交流大多是通过数字进行的，人与人之间面对面的互动越来越少。在这种情况下，要顾全整个企业，采取整体优化活动是很困难的。KZ法的交流方式加深了彼此之间的理解，促成了团队合作，是实现整体优化的基础。

6　深究从原材料、零部件到产品的整个流程，是取得经营成果的关键

在KZ法中，除了社长之外，所有部门和不同层级的人员也都参与其中，展示各自的知识、经验和想法。这就意味着，大多数参与者都会参照从原材料到产品出货的一系列流

178

程来看待事物。若与前后工序的负责人或顾客进行交流，那么就能拓宽思考维度，激发新的创意。同时，这也是对人才的培养。

什么是微改善

微改善的概要

微改善指的是一种**发动企业全体员工对身边细微的麻烦或问题进行改善，将其内容和成果写在纸上，进行报告，并给予评价的制度**。

每个人都有能力实行改善，但遗憾的是，大多数企业都没能充分利用这种能力。

微改善是一种对每个人都具备的改善之心进行挖掘、培育并打磨的机制。

微改善的形成

在成为一名咨询顾问后不久，我接到了 M 公司的指导委托，在 M 社长的带领下查看现场。

社长在某位从事组装作业的女钟点工身旁停下了脚步，用对方能够听到的音量向我介绍道："这位员工实行了许多优秀的改善。包括那把剪刀在内，比上个月好用多了。"

之后，M 社长还在其他几名工作人员的旁边停下了脚步，向我介绍对方做出的改善，或直接与对方搭话，表达自己的谢意。

数日后，我找到机会单独前往现场。突然想起前几天社长向员工们搭话的事，便询问大家对此事的感想。我担任咨询顾问的时日尚浅，猜想大家内心或许"感到非常紧张窘迫"，结果却大错特错。大家无一例外地表示非常高兴，感慨道："明明没有刻意表现，社长却注意到了自己所做的改善，还跟我搭话，感觉很开心。"

我为自己的无知感到羞愧，想到自己曾经主张的"咨询顾问应当先从肯定对方，称赞对方的优点开始指导"，这也适用于社长与员工之间的关系。若社长能掌握现场情况，基于事实用心肯定员工的努力，而不是单纯的寒暄或客套话，想必效果会更好。不过，因为 M 公司一共只有 20 名左右的员工，这种做法才得以成立，如果公司规模更大的话就行不通了。

于是，我开始思考怎样才能做到这一点……

同一时期，我还积累了另一个宝贵经验。

一家名为 P 公司的礼品制造企业委托我进行改善指导。当时，P 公司开发的新产品在短时间内销售额增加了数倍，发展势头十分迅猛。然而，教育培训和体制机制跟不上企业的发展速度，客户的投诉越来越多，希望通过改善来应对。

我立即前往 P 公司，与 K 社长一同查看了现场。我们走到一位名为 A 的女员工身旁时，社长避开本人小声地告诉我关于她的事情。

A 主要负责产品的包装管理工作，最近犯了一个很严重的错误。一看她的办公桌，发现电脑屏幕上贴着许多写有笔记的便笺纸，据说是为了防止相同的问题再次发生。也就是说，A 对自己的错误进行了反思，分析了失败的原因，并采取了相应的对策。社长也说："她不会再犯同样的错误了。"

但我在意的是与 A 在同一个团队工作的同事们。工作内容几乎都一样，其他人却都没有使用便笺纸。我担心他们可能会犯同样的错误，于是问社长："A 所犯的错误和采取的对策有没有跟其他同事说过呢？"社长回答道："确实提醒一下比较好，但这么做的话怕会伤害到 A，所以一直没有说出口。"

由于 A 的失误造成了一些损失，如果再发生同样的事情就麻烦了。作为顾问，为防患于未然，必须让其他人也了解过往的失败经验和对策，与 A 实行同样的改善。但另一方面，我也非常理解社长关心 A 的心情。

有没有二者兼顾的方法呢？

我想到的方法是让社长要求 A 所在的团队深入研究这次的对策，并对提出的对策全体人员给予评价和肯定。

社长同意了我的提议，当场召集团队所有成员，由 A 对所犯的错误及其对策进行说明。结果，团队所有成员都加深了对预防对策必要性和改善内容的理解，模仿并实行 A 的改善方案。

通过这种方式，有效防止类似的问题再次发生。

这种由企业高层召集大家发起挑战，对大家付出的努力予以评价和感谢的方法似乎非常有效。

我意识到，要是能创建与此流程相同的改善实行机制，想必更多企业的经营管理会做出更大贡献。

此时的改善与各类企业一直以来所实行的**"改善提案制度"**看似相同，实则有着很大的区别。一般的改善提案制度要求取得金额效果，创意不允许模仿，要具备独创性。不过，这次 A 的提案却是源于"失败"。只是为了防止犯过错的人重蹈覆辙而做出的改善，因此有人认为针对这种情况，社长没有必要给予评价。还有观点认为，模仿他人的改善创意任何人都能做到，并不值得称赞。

但是，若全体员工都能实行有效的改善，毫无疑问是有利于企业经营的。P 公司认为必须立即开展这类改善活动。于是，开始启动要求全体员工每个月至少实行 1 例改善的机制，模仿他人亦可，每项改善将获得 100 日元的奖励。

这便是"微改善"的开端，提出微小的改善创意并执行，写在纸上提交后便可获得奖励。

当时，P 公司共有 210 名员工。假设每人每月实行 1 例改善，那么目标数量便是每年 2500 例。然而，这项机制才刚刚启动，整个企业的改善活动便如火如荼地顺利开展，1 年内实际执行的改善数量达到了 1 万例左右。

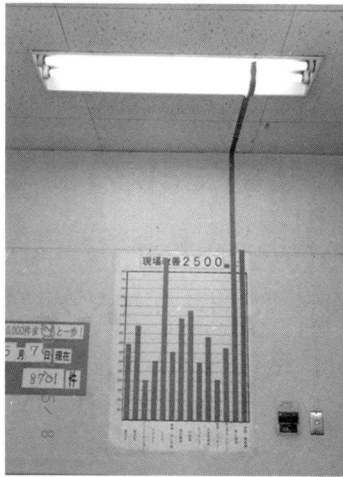

每年2500例的改善目标实际达到了1万例左右

有人认为"不管数量有多大，如果净是模仿和细微的改善，对经营恐怕无济于事"，但事实并非如此。

在这 1 年里，针对 P 公司的投诉减少至原来的五分之一，库存减少了 1.5 亿日元。通过改善，员工之间的沟通联系得以加强，离职人数锐减，人才招募变得更加轻松，带来了巨大的经营成果。

事实上，这项机制导入的初衷是"减少错误"，从某种意义上我将其视为一种消极的改善。然而，实际运行后发现，这项机制很快就转变为增加利润的积极改善。并且，通过改善发表会，全体员工开始相互协作，形成整体最佳改善。

之后，我尝试将 P 公司的成果推广至其他企业，结果所有的企业无一例外都取得了很大的成果。

最终形成了现在的"微改善"。

微改善提案与改善提案制度的区别

通过实行 KZ 法，能够明确整个企业存在的问题点，激发各个部门的员工投身改善的热情。下一步要做的便是让更多的人参与改善。

微改善的作用正在于此。

微改善要求所有的员工都要参与实行改善。

尽管大部分企业都宣称"全员参与改善"，但要实现全员参与其实并非易事。现状是在大多数情况下，实际执行改善的主体仅仅是少数现场。

微改善是实现远离改善的管理人员、行政办公人员，乃至语言不通的外籍员工、兼职人员等全员参与改善的有效方法。

制造企业通常会导入"改善提案制度"。

这个制度要求员工们提出类似于"建议制造这样一种全新的事物，所需费用大约是这么多，能够发挥出这样的效果，非常有用"的改善创意，但实际上似乎并未得到充分利用。

原因之一便是上文提到的门槛过高。由于这类提案一般要求产生经济效益，且不能模仿，要具备独创性，因此写起来并不简单。要在构思独特创意的基础上，向经营层说明改善的概要和原因，并计算预期成效，可谓是工程浩大。

这些提案的审阅和评价其实也不容易。我曾参加过一次改善提案的评审，其生产效率之低令我印象深刻。

由于其中一位评审员提到"几年前看到过相同的内容"，查阅过去的文件后发现了类似的提案，因此决定不予采用。

但若仔细思考，不难发现之所以出现类似的提案，是因为之前的提案并没有得到实行，相关情况也没有进行共享。或许是不同的人碰巧产生了相同的想法，并写成了提案。提案者和评审员也为此耗费了大量的时间和精力。结果却一无所获。

微改善与改善提案制度不同，没有设置高门槛。

企业全体员工只需要实行并报告包括模仿在内的改善即可。

唯一的严格要求或许是，明令"每人每月必须实行至少1 例改善，并报告结果"，而不是请求大家"尽可能地去做"。但其实无须担心。因为微改善提案不要求产生经济效益或具备独创性。修理设备故障亦可视为改善。

微改善这一改善活动还具备便于长久坚持的优势，原因同样在于规则的放宽。

认可模仿的机制

在微改善中，员工们报告的改善创意多种多样。

例如**在记忆棒上方涂色**的创意便是其中之一。由于始终能看到上方的颜色，有效避免了容易插错的常见问题。这项改善创造的金额效果可以说微乎其微。但毫无疑问，在提高办公效率上是有积极意义的，因此我认可这项改善。

另外，其他人了解这项改善报告的内容后，也可进行模仿，便又产生了 1 件微改善提案。如此一来，这家企业的每一名员工都能一次性正确插入记忆棒吧。这项改善尽管细微，却也可以视为企业整体的改善。另外，也不必担心每个月必须完成的 1 例配额任务了。

从经营者的角度来看，当然希望整个企业都能对优秀的改善创意进行模仿。不过，模仿他人难免会伴有抵触情绪。擅自模仿会产生负罪感，征求对方同意再模仿又心有不甘。不愿意为了模仿他人而改变自己一直坚持的做法也是人之常情。即使上级要求"模仿这项改善"，现场却无动于衷的原因也在于此。

不过，微改善将模仿他人同样视为改善，予以认可。因为模仿他人也要付出努力。这种做法能够消除大家的抵触心理，有助于推广优秀的改善创意。这对企业而言也是成果之一，从这个意义上说，当然也应该将模仿作为改善。

这样一来，**通过实行微改善，能够促使企业全体员工持续推进改善**。

刚开始，大家报告的改善内容大多是解决身边的不便之处，例如货架的标识等。但通过改善发表会，大家开始加强自身对前后工序的理解，改善的对象逐渐延伸至工序之间存在的问题。并且，这还有利于企业营造积极的改革氛围，鼓励全体员工自己动手解决眼前的问题。

将实行的改善写在纸上并提交

微改善要求员工们将实行的改善写在纸上并提交。

与改善提案制度不同，微改善提案报告的是已经实行的改善，因此不需要详细的记述。至少写下改善前的状态、改善后的状态以及改善执行者的姓名等 3 项即可。

微改善中用到的"改善卡"实例

报告的内容简单易读，因此经营者能够将企业内所实行的改善全部看完。另外，尽管问题已经改善，但实际上也意味着问题过去一直存在于某处。掌握"这里出现过问题"的事实，能为找出尚未改善的潜在问题提供线索。并且，通过微改善，还能发掘普通员工身上所隐藏的才能。

此外，将改善报告粘贴出来，还可以向全体员工传达继续推进改善的必要性。

举办改善发表会

定期举办微改善提案改善发表会同样至关重要。

改善发表会是一个从员工们报告的改善案例中精选优秀创意，由改善执行者本人公开进行展示的平台，展示时间以1分钟左右为宜。因为只要用投影仪将改善前后拍摄的对比照片放映出来，再加上简单的说明就足够了。这样也能减轻演示者的负担。

参与者的范围要尽可能地扩大，重要的是确保各个部门、职位的人都在场。这样一来，平时在不同地方工作的人，就能加深对彼此工作的了解，从而为广泛开展企业整体的改善创造契机。

对于发表会上报告的改善，社长或上司要在全体员工面前予以表扬。根据改善的具体内容，有时也会当场呼吁大家进行模仿。由此激发改善提案者的自豪感，为企业带来更大的成果。

在矶野 Body 的改善发表会上，某位现场作业者报告了他专门为便于自己工作而做的一种测量夹具。过去总是用尺子测量，使用这种测量夹具后，比以前测得更快、更准确。

听完报告的社长对这种夹具给予了充分肯定，同时提出"希望各部门每个月至少制作 1 件夹具，以微改善提案的形式提交，并在改善发表会上与大家共享"的要求。之后，各部门开始定期探讨"接下来要制作什么样的作业夹具"，接二连三地实现改善创意。并且，除了测量夹具之外，还涌现出用于定位或支撑的夹具，现在甚至还制作出用于设计阶段的夹具。

夹具虽然用起来方便，但并非不可或缺。与大多数工作现场一样，矶野 Body 对于夹具的定位也是"有的话更好，没有也无妨"。

在这种状态下，夹具难以推广，生产效率也无法提高。然而，通过实施微改善，以及社长在改善发表会上的讲话，这些变化已悄然兴起。

无论改善创意如何优秀，现场也可能不堪重负，无暇顾及。若强制员工们"必须制作夹具",大家恐怕不会有这样的积极性。

这个例子的关键在于,以全体员工形成"通过微改善每个月至少实行1例改善"的习惯为基础,进而提出制作夹具这一具体有用的主题。

微改善是一种褒扬机制

在整个企业中,制造部门可谓是一个鲜少有机会获得表扬的部门。

原因在于制造部门所做的都是重复进行规定好的作业内容。要克服旷工、机器设备故障、品质和交货等问题,达成生产目标其实并非易事。

举例来说,若要求生产100件,实际完成了99件,便会被视为问题,而即使具备生产101件的能力,也只允许生产100件。因此制造部门经常挨批评,却很少受到表扬。

对于这些部门而言,微改善是一种极大的激励。因为这是一个能让自己因改善"重复规定好的作业内容"而获得表扬的机会。

不仅在改善发表会上予以肯定，社长还可直接前往现场，查看自己中意的改善创意。现场作业者也将因此感到自豪，投入更大的改善热情。对于社长而言，这应该也是一个激发经营相关创新的机会。

通过这种方式，微改善能促使员工养成以轻松的心态持续解决身边问题的习惯。将企业打造成一个不畏惧变革，甚至积极投身变革的组织。

对于这样的企业，无论出现什么样的问题，大家都能齐聚一心，立即着手实行改善，解决问题。这绝非一日之功。只有不断实行改善，日积月累，才有可能实现。

持续实行微改善的注意事项

随着微改善的不断深入，便会出现这样的意见。

"既然每个月至少 1 例的配额任务都能完成，接下来何不尝试提高改善的水平呢？"想要挑战的对象不再是改善的数量，而是改善的水准。

但是，对于这种挑战，我并不赞成。

原因在于一旦开始追求质量，员工们实行改善的心态将发生改变，由轻松转为谨慎，那么工作现场实际实行的改善可能会大幅度减少。微改善可谓是一种以不论内容好坏为前提，增加改善的数量，并从中选择优秀的改善创意加以推广的方法。但如果实际执行的改善数量减少，优秀的改善创意恐怕也会减少。

而且，最重要的是，这会打击企业全体员工持续推进变革的积极性。

因此，我只对改善的数量提出要求，质量方面则不作限制。

微改善是企业全体员工创造的具体成果。

社长当然要肯定全体员工，促进企业发展，这一点可谓至关重要。

微改善所具备的"点燃改善之心的4大原则"

微改善提案机制是我在P公司开展的改善活动中想到的。

虽然取得了很好的成效，但我当时怀疑"这是依靠P公司的实例获得的成功"。或许因为P公司的现场以兼职员工为中心，是不同于传统改善活动的急速成长型企业环境，这套机制才得以发挥作用。

不过，效果却远远超出了我的预期。为此，我决定将其

运用于自己所指导的其他企业中。从部分上市企业到总数 20
人的小企业，微改善提案机制广泛拓展至汽车、电机、食品
等领域，均取得了不俗的成效。

　　微改善所具备的 4 项 "点燃改善之心的原则" 正是在这
个过程中被发现的。

"点燃改善之心的 4 大原则"

原则 1　点燃改善之心的火种切实存在

　　即便不去主动要求或推行改善，人们在遇到问题或感到
不便时，还是会主动运用自己的智慧来进行改善。

　　当我们遇到只能依靠自己解决的问题时，会采取自己独有的
方式应对。这其实就是改善，每个人无疑都具备改善的能力。

　　与此相对，企业这类组织基本上是在上司的指示下行动。
不能随意做出改变，必须专门请求上级的指示。在这样的环
境中，大家无法发挥自身实行的改善能力，只能蛰伏不动。
但即便如此，改善的火种依然切实存在。

原则2　点燃改善之心的火种

当处于蛰伏状态的自主改善能力被经营者或管理者察觉，并予以认可时，人们心中便会萌生更加强烈的改善意愿。

实行者本人视为"理所当然"的改善倘若没有被他人察觉，自然也无法成为引发重大改善的切入点。

从事传感器制造的 Y 公司曾出现交货期频繁延误的问题。

查看制造现场后发现，各传感器的组装过程分为 5 道工序，每道工序结束后便进入仓库备用，陷入停滞不前的状态，直至下一道工序的人来取。结果导致完成时间各不相同，生产所需时间便长，造成交货期延迟。

于是，我向现场的工作人员表达了自己的想法："采取这种方式的话，也难怪会出现延迟。一口气将 5 道工序全部整合或许不太现实，但能不能尝试先进行部分整合？"

然后，我注意到一位名为 Y 的女主管似乎欲言又止。

"您有什么意见吗？"在我开口询问后，她犹豫着告诉我："这些话在工厂负责人面前实在很难说出口，其实在真正赶不及的时候，正如柿内先生您刚才说的，全部工序都是由我一个人负责的。"另外她还补充道："因为没有经过工厂负责人的许可就擅自执行，实在是说不出口。真的非常抱歉。"

虽然备感震惊，但这无疑是一项很了不起的改善。于是我当场表示感谢，并请她实际演示了作业过程。

下定决心的 Y 女士便从自己的桌子底下拿出了手工制作的夹具，备齐材料后，演示了独自一人逐步完成全部工序的方法。结果，原本需要耗时数月才能完成生产的产品，仅用10 多分钟便做完了 1 个。

Y 女士因担心被训斥而战战兢兢不敢开口，但在场的每个人都明白，这个方法将是挽救 Y 公司危机的关键。随后，Y 公司迅速启动了由生产部部长负责牵头的项目，在几个月内，将所有产品都更改为由 1 个人进行组装的方式。交货期延迟的问题就这样顺利解决了。

这种例子其实并不少见。

微改善就是要对这些处于蛰伏状态的改善进行挖掘和认可，从而点燃改善的火种。

原则3 扩大改善之心的燃烧范围

倘若认可模仿他人所实行的改善也属于改善的范畴，那么就能进一步扩大改善活动。

微改善对模仿他人所做的改善同样予以认可。

通过这种方式，能够将企业内部点燃的改善之心的微小火种，迅速传播到其他人身上。

为此，企业必须严正宣布"接受学习模仿"。对于模仿行为，人们通常存在抵触心理，如果不支持的话恐怕很难实行。

对于小而精的改善创意，如果全体员工都能主动模仿，瞬间就能对企业产生积极影响。因此，上司必须主动模仿优秀的改善创意，作为本月的微改善提案提交上去，引导大家。

原则4 通过"可视化"助燃改善之心

将自己所实行的改善在纸上填好，并公开贴在大家都能看到的地方，便能向经营者和全体员工传达所有的改善信息，实现改善创意的共享。

重点是用于记录微改善提案的表格设计必须简单明了。

不需要准确的数字、原因或目的等栏目，只要写下改善前后的情况即可。填写格式越简单，改善实行的数量、报告的数量就会越多。

这样读起来也更简单。

以 50 人的企业为例，社长每个月要看的微改善提案数量将超过 50 张，字数不多的话就可以快速浏览完。这样能够了解企业的改善进展情况，发掘普通员工所潜藏的改善能力。上文介绍的从事传感器制造的 Y 公司便是如此，发掘出作业者本人都未曾察觉的改善创意。

这可谓是推进改善的"可视化"，促使企业内部点燃的改善之心熊熊燃烧的有效途径。

专栏　用 KZ 法改善自家的实例

佐藤制模株式会社　长谷川麻美

以"能用扫地机器人的房间"为目标！

学会了 KZ 法之后，由于公寓的改建，我不得不搬家。

于是，我开始思考如何布置新家。

当前的情况是房间里堆满了东西，打扫起来很困难，而且闲置物品之间的缝隙里积满了灰尘。在公司实行 KZ 法时，也是脏污不堪，到处都留下了物品搬动的痕迹。污垢还沾到了工作服上，这种让人感觉"真讨厌"的情况在自己家中也出现了。

于是我定下了一个目标。既然机会难得，干脆将房间整理成"能用扫地机器人的状态"吧。以此为目标，我试着在自己家中实行 KZ 法。

首先从我喜欢的包类开始整理。正如照片中展示的，共有 35 个。仅这一点就让我切实感受到了东西之多。按照必要、不紧急和不必要进行分类后，发现有 31 个包属于不必要物品。真正需要的其实只有目前正在使用的包。

归类为不紧急的有 3 个，我留下了其中 1 个，作为现在用的包出现破损时的备用品。经过 1 周时间的思考，权衡时兴不时兴的问题后，我决定把用不上的包都扔掉。

包竟然多达35个

最终留下了 3 个，并决定今后也要将包的数量控制在 3 个以内。

犹豫许久后决定将32个包都处理掉，今后要将包的数量固定在3个以内

承载了回忆和感情的物品如何处理

接下来实行的是餐具的整理。

餐具分为必要和不必要两类，根据是否在 2 周内使用过来定义必要餐具。

我所就职的佐藤制模株式会社的佐藤广美社长也来帮忙，一起用报纸把要丢弃的餐具包好，仅餐具一项就装满了 7 个垃圾袋。

这些餐具几乎都不是我主动买回来的。要么是父亲生前购买的，要么是别人送的，以往搬家时都没有扔，一直留到现在。有些餐具甚至闲置了 1 年多，上面积满了灰尘，父亲看到了或许会抱怨，比如"不用的话就扔掉""我过去还经常用，你却完全不用"。

在公司实行 KZ 法时也是如此，"好怀念啊。以前用这个加工得很好啊""多亏有了它，才完成了那项工作"等，回忆突然涌上心头，阻碍了分类的进展，导致不紧急物品有了增加的倾向。

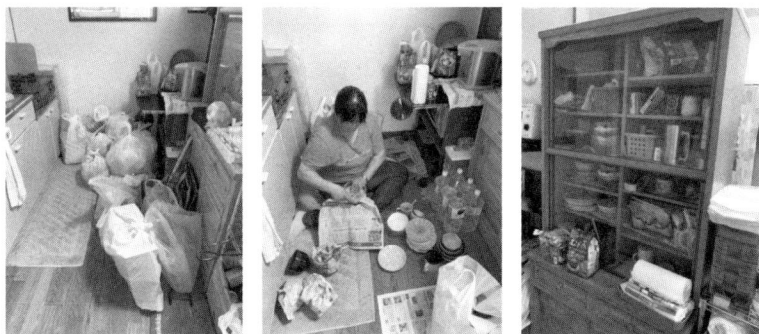

仅餐具一项就装满了7个垃圾袋，可见未使用的物品之多

家中的大部分物品都充满了感情与回忆。如何处理这些回忆，将影响到今后的房间整理。为达成目标究竟该怎么做，让人颇为苦恼。

整理喜爱的收藏品

我特别喜欢轻松熊玩偶。有一段时间，以游戏厅的娃娃机为主，我四处搜罗各种各样的轻松熊玩偶。一到搬家时，便开始担心有没有足够的空间放玩偶，搬家的费用可能会增加等问题。不行，我必须忍痛割爱，否则没办法买新的东西！因此，我下定决心放弃自己心爱的收藏。

大小不一的各类轻松熊占据了房内的空间

不过，扔掉的话实在舍不得，所以先试着带到公司里请大家"随便拿"。

然而，由于大家家里都没有小孩，因此无人问津。

这时，佐藤社长提出了一个建议！

听说附近要举办祭典活动，她帮我询问了活动的主办方"能否将这些轻松熊玩偶作为赠品送出"，结果对方答复说："有一个面向小学低年级学生举办的免费套圈活动，正好可以当作活动奖品！"可爱的轻松熊们就此离巢。

祭典活动当天，佐藤社长专程去了现场。据说孩子们抱着轻松熊玩偶欢快奔跑，能得到他们的喜爱我感到非常开心。

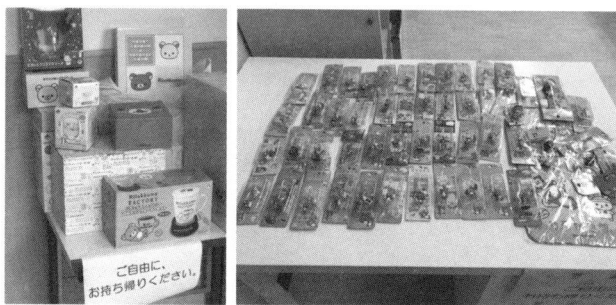

带到公司的物品无人问津（左），手机吊饰堆积成山（右）

买东西之前要考虑扔的原因

朋友对我说："作为女性而言你的鞋子太少了。"这让我开始回想"这个鞋柜究竟是什么时候打开的"？结果发现已有半年左右没有打开过了。真是令人匪夷所思。

或许是开始整理房间后，东西不断减少的缘故，我感觉"这些都不需要"，所以把鞋柜里的鞋子全部扔掉了。

留下的只有平时常穿的工作鞋和运动鞋。没想到曾经觉得好看而购买，但穿的机会并不多的鞋子竟然有这么多，因为考虑到功能性或长时间走路的需要，还是会选择运动鞋。

实际上，刚进公司时（十几年前）穿的皮鞋也在其中，现在已经不能穿了，实在令人感伤。

鞋柜里只留下1双运动鞋和1双工作鞋，其他鞋子全都下决心扔掉了

现在搬到了新的住所，房间宽敞舒适，视野开阔，东西也很少，电视屏幕的尺寸明明和从前一样，看起来却显得更小，整个房间干净清爽，令人心旷神怡。

所有必要的文件、书籍、清洁工具、丧服、大衣等物品都储藏在柜（步入式衣橱）中，寻找东西的时间因此大大减少。

有人说，搬家的时候"不要买已经扔掉的东西""买了就扔掉""买之前要考虑好扔的原因"。

买东西的时候往往不会想到扔。扔掉或许有些极端，但在买东西时，我会想清楚购买的目的、好处和用途等要素。

并且重新认识到"买东西时不能出于好看、感觉不错或方便等模糊的动机而购买"！

以公司内部实行的 KZ 法为契机，我开始利用 KZ 法整理自己的家，房间因此不再羞于见人，并以舒心惬意的状态迎接全新的生活。

同时，我也希望通过 KZ 方法进一步改变公司，为顾客提供更加舒心优质的服务。

第 4 章

培养人才、解决经营课题的
"改善 4.0"

"改善 4.0"的特点

我所指导的"改善 4.0"以企业全体员工无一例外都具备改善力为前提。挖掘员工的改善力，与全体人员轻松共享，以经营者描绘的愿景为目标实行改善，并取得成果。

社长不需要大发雷霆，不用命令员工"务必解决问题！不许造成损失"！

社长要做的是鼓励大家"一起创造更好的产品！为社会做出更大的贡献"！同时面对现场实物共同进行改善。

改善 4.0 不同于一般的改善。

其具体特点总结如下。

特点 1　打破组织内部的壁垒，能够实现真正的整体最佳改善

在改善 4.0 中，社长要在充分发挥自身作用的同时，建立现场和实物思维，与员工们站在相同的立场上面对实物，亲自参与解决改善课题。

参与改善的人们通过专注于眼前的问题，能够摆脱组织壁垒的束缚，表达内心的真实想法，真诚地交换意见。通过这种方式，可以有效推进真正的改善活动。

KZ 法要求多个部门的人基于现场实物展开具体的讨论。

通过共同解决问题、实行改善等体验，便能打破部门之间、职位之间的壁垒。

跨越多个部门的难题，仅靠特定部门是很难解决的。但若观察现场存在的物品，聚集多个部门共同探讨，便能认识到现场存在的问题其实是整体多方面因素综合作用的结果。换句话说，通过现场实物便能覆盖整体，从而当场得出答案。

从本质上看，每个人其实都有自己独特的解答。但在组织中，人们对于表明这一点往往心存顾虑。尤其是缺乏经验的人，很难深入其中。

不过，若提供一个以眼前的实物为载体、展开热烈交流的平台，这种壁垒的存在感便会消失，即使没有足够的自信心，也能根据实物表达自己的意见。在这些自由表达的意见中，包含着许多优秀的创意。

经营者若能及时察觉并牢牢把握这些创意，就会产生有助于企业实行重大改革的惊人想法,从而开启整体最佳改善。

特点2 社长的想法能够切实传达给员工,并朝着 目标推进改善

在改善4.0中,社长与员工共同参与活动,员工能够深入理解并接受社长所追求的目标。为此,在与员工一起开展活动时,就社长对社会变化抱有的危机感、对未来的梦想等,平时就要引导大家积极谈论,这一点非常重要。如此一来,员工们将主动开始思考自己能为企业做出的贡献。

那么,即使没有社长的具体指令,围绕这一目标的微小改善也会自然增加。积少成多,便能带来巨大的成果。

微改善提案机制能够有效促进员工自发实行改善。

不过,对于社长的期望与自己所实行的改善之间的关系,大多数现场员工都无法从逻辑上很好地进行说明。

正因为如此,从社长的角度予以评价才尤为重要。社长若能掌握现场的改善情况,认可、表扬、感谢其对企业所做的贡献,那么员工们就会意识到自己所实行的改善的意义,从而更加积极地向更高的水准推进改善。

特点3　促进人才的培养

社长或上司给予的具体表扬将在人才的培养上发挥出巨大作用。

尤其是作为组织最高层的社长，所给予的肯定效果更是显著。发现员工的努力和积极性，适当地予以表扬，将有利于提高改善力，提升人才培养效果。

另外，员工之间的交流在人才培养方面也很重要。

特别是在向对方"传达"或"教授"知识的过程中，要确保对方听得懂，与教授对象相比，教授者学到的反而更多。将自己所实行的改善向他人传授时也是如此，对方可以获得信息，自己则获得成长。

在改善4.0中没有上下级之分。实行KZ法或微改善提案发表会时，部下会很自然地为社长讲授相关内容，或共同进行思考。这时，若上位者采取真诚"求教"的态度，便能打破上下级之间的壁垒，实现积极有效的沟通。换言之，每个人都能成为教授者，并由此获得成长。在改善4.0中，不仅是社长培养员工，员工也在培养社长。

特点 4　能够组建整体最佳团队

改善 4.0 以现场实物为基础实行改善，能够促进人才的培养，加强人与人之间的联系，不受形式或场面的约束。那么，改善课题、解决问题所需的人才便会自然地聚集在一起，并形成最佳团队。

这在常规的组织运营中是很难做到的。因为企业这类组织的特征是无法向多个部门同时发出相同的工作指令。

例如，在对仓库内的库存进行清理时，指令通常会发给仓库负责人。

然而，仓库内的物品其实涉及各个部门。即使仓库负责人认为"不需要"，但实际无法判断能否真正处理掉的物品恐怕比比皆是。为此，仓库负责人需要制作清单记录这些物品，并请销售或设计等相关部门决定"能否处理"。但对这些部门的负责人而言，这项工作的优先等级较低，因而迟迟没有进展。在最坏的情况下，仓库最终处理的只是部分任何人都能一目了然的废弃物。类似的问题普遍发生在世界各地的工作现场。

KZ法则不同。由于销售或设计等部门的人员也在现场，能够从更广阔的视角对仓库内的所有物品迅速做出判断。不仅如此，大家共同探讨解决现场暴露出的问题，更改设计或形状等，促使话题朝着整体优化方向发展的情况也很常见。

特点5　有效推进新技术、新产品及新市场的开发

通过改善4.0，当工序能力和生产能力得以提升，人才获得成长，并形成重视自由创意的企业文化时，企业将产生大量的闲置产能。随着投入力度的加大，便能有效推进新技术的研发、新产品的开发以及新市场的开拓。

在本书第2章介绍的实例中，许多企业都实现了新技术、新产品或新市场的开发创造。值得注意的是，其中并无一例是由社长命令相关责任部门去做的。所有的改善创意均源自微改善提案、员工不经意间的发言或实行KZ法时的对话。

这便是以现场实物为出发点，全员展开热烈交流所产生的强大力量。高度多样化的人才聚集在一起，不畏惧失败，在自由阔达的氛围中畅所欲言，才能催生新的创意和执行力。每个人都具备强大的改善能力。每个人身上都潜藏着引发重

大变革的可能性。然而，大多数人并未意识到自己拥有的改善力。在企业这一组织当中，人们会畏惧失败，也会受到部门间壁垒的阻碍。改善 4.0 所打造的平台能够消除这些壁障，激发员工们原本的改善能力，创造实行改善的契机。

产品首先要有市场需求，经过设计、生产、销售、使用等环节，最后被处理，迎来终结。因此，哪怕仅仅面对 1 件产品，也需要多个相关人员齐聚一堂，进行研究、探讨并交换信息，才能从大范围整体优化的角度提出问题，并实行相应的改善。

通过改善 4.0 实现新技术开发、新产品开发及新市场开发，可谓是必然的。

特点 6　提高改善执行速度，增加改善数量

改善 4.0 注重对优秀改善创意的模仿。

改善发表会也是如此。员工报告的改善成果将由全员共享，优秀的改善创意则当场进行横向展开。

某一个部门产生的优秀的改善创意，若能在其他 10 个部门实行，就能获得更大的成果。即使无法量化，这些成果也

可与开创性的研发成果相媲美。

若要持续不断地实行或模仿改善，关键在于企业内部所实行的改善数量。这就是微改善要求"全体员工每人每月至少实行 1 例改善，模仿亦可"的原因所在。

"立即执行"是改善的基本要求。

若是等有了好的想法再动手，有时间了再去做，只会停滞不前，人也无法成长。一旦有了想法，就要立马实行。没有比这更快的速度了。

特点 7 提高积极性

很多人在第一次参与 KZ 法或微改善时，都会对其效果感到震惊。

继而产生"没想到真的做到了""原本以为不可能的事情就在眼前实现了，心情很激动""想要继续坚持"等感想。

这就意味着，许多人都意识到了问题的存在。

但是，大家往往认为自己能力有限，不清楚自己在企业中所起的作用，面对问题可以说是束手无策。然而，通过参与 KZ 法和微改善，就能使员工们意识到"只要大家立即实行就能做到"。这也是让大家切实感受到自己对企业的作用及贡献的良机。

尽管经营革新可以通过重大发明或发现来实现，但相比而言，"做到过去未能做到的事" 等看似普通的成果，同样也是经营的革新。

改善 4.0 注重让所有相关人员发挥出各自的作用，感受到自身的贡献。这种积极性有利于提升产品品质，提高效率，减少库存，最终催生出当今时代所需的新产品，开拓全新的市场，带来多方面的成果。

特点 8　暴露隐藏的问题

实行 KZ 法时，要求所有人将卡片贴在当前不使用或有问题的物品上，但若发出 "现在是困难时期，希望大家尽可能多贴卡片" 的指令，那么 30 张卡片恐怕连一半都贴不出去。因为大家只会将卡片贴在能够断定 "绝对不需要" 的物品上。

不过，倘若发出的指令是 "务必将手里所有的卡片都贴出去，不必担心是否贴错"，员工们便无须顾及他人的意见，针对自己认为有问题的物品都会积极地贴上卡片。

这是一项将大家心照不宣的隐藏问题暴露在外的作业。

针对大家普遍认为"自己虽然不需要，但其他人肯定会用到"而难以丢弃的大量物品，借由卡片充分暴露出来，从而整理出大量的可用空间。需要解决的其实就是这些隐藏问题。

Project X 与改善 4.0 的共同点

据说现在的日本制造业正在困境中苦苦挣扎。

有观点认为原因之一就在于改善。

"在今后的时代，像改善这样需要花时间积累微小变化的方法，根本赶不上时代发展。长期以来一直擅长改善的日本到现在依然执着于改善，改革的脚步才会落后。"

但我并不认同这种观点。

以前，NHK 电视台曾播放过一档名为"Project X 挑战者们"的纪录片节目，不知道大家是否听说过？节目内容每次都是从挑战各种各样的重大课题或难题开始，挑战成败与否关系到企业的生死存亡。在巨大的困难面前受挫，也获得了人们的帮助。但即便如此依然进展不顺，正当大家都认为"已经没希望了"而即将放弃时，却在黑暗中看到了一丝微弱的光芒，最后终于获得成功。节目内容大多是这个模式。

这个节目曾经是我的最爱，让我深切地感受到正是改善奠定了日本今日的基础。

在节目的最后，那些奋发向上的挑战者们都会出现在演播室里。

他们既非著名的一流经营者，也不是声名在外的研究学者，绝大部分挑战者都是普通人。

"即使没有卓越的天赋，只要有一颗炽热的心，大家相互协助，普通人也能实现改革。"

这是节目传递给我的信息。

真正的改善力，其实是普通人从现场实物的角度出发，经过充分的交流沟通和反复试错，从而具备的能力。作为咨询顾问，我指导过各种各样的现场，遇到的人也与挑战者们一样，通过大家的共同努力，在这个艰难的时代不断取得巨大的成果。

这种力量至今依然存在。

甚至可以说面对接下来的时代，更需要改善的力量。

海外也出现了与改善 4.0 相同的动向

截至目前，我一直将改善 4.0 作为专门面向日本中小企业的方法进行指导和介绍，现在我也认为在改善方面做得更好的是日本企业。

不过，近来欧美也出现了相似的思维和动向。

接下来将介绍 3 个例子供大家参考。

青色组织

《青色组织》（弗雷德里克·莱卢著，铃木立哉译，英治出版。原名为 *Reinventing Organizations：A Guide to Creating Organizations Inspired by the Next Stage of Human Consciousness*，《重塑组织：进化型组织的创建之道》）一书出版后立即引发了热议。

青色组织是组织形态的一种。理论上虽然尚未确立，青色组织不同于一般企业，尽管没有组织和目标，但具备团队互助功能，并能创造出色的成果。

在欧美的企业组织中，员工们往往受到规则或合同的约束。企业仅靠竞争机制来运营，将能否达成既定目标作为"Up or Out"，即"晋升或解雇"的判断标准。

然而，一旦从这种组织或合同的紧张束缚中解脱，允许组织成员采取自主行动，那么工作方式将变得极具主动性，发挥出前所未有的能力，从而创造出巨大的成果。

简而言之，不同于怀疑员工、用规则束缚员工的传统组织，青色组织是一种信任员工，实现企业自主运营的组织形态。

对于来自于欧美的作者（弗雷德里克·莱卢）而言，这样的事实或许令人震惊。但若是日本人，大多应该都能认可，觉得"确实如此"。

在企业战略尚未明确的状态下，大家共同实行现场改善。通过改善这一战术取得巨大成果，为经营做出贡献，并将改善最终发展为经营战略，这种情况在日本制造业中屡见不鲜。"大家齐心协力，不惧失败，先试着去做"的改善推进法与青色组织的思想十分相似。

另外，在最高经营者共同参与实行全员改善的做法上，改善4.0与青色组织则有更多的共同点。

两种工作方式均主张"在磨砺自身能力的同时，相互协作，共同开展工作"，让人感受到自身的价值，是一种幸福的工作法。

也许，实行改善4.0的企业在很大程度上具备青色组织的特性。至少说明与推进改善相适应的组织形态应具备如此高的自由度。

心理安全感（Psychological Safety）

在刚成为一名咨询顾问时，我发现自己面对不同的客户时，咨询结束后的感受完全不同。有些企业的咨询让人精神焕发，有些企业的咨询却让人筋疲力尽。对于其中的区别，我进行过深入思考。

当时得出的结论是"面对踩雷可能性较高的客户会让人备感疲累"。"踩雷"的说法或许有些夸张。总之，哪怕是一丁点粗心的言论，也会立刻被当成问题，而且无法轻易补救，面对这种氛围严肃沉重的企业时，往往让人疲惫不堪。

外部顾问的感受尚且如此，内部员工想必更辛苦。这再次让我意识到，营造让所有人都能不畏失败轻松发言、主动实行改善的氛围，对于组织而言至关重要。

之所以会想起以前的事情，是因为读到了 Google 从 2012 年开始实施的"亚里士多德计划"这一提高生产效率项目的调查结果。

其中有一项是"引导团队走向成功的 5 大关键"，而排在第一的便是心理安全感（Psychological Safety）。

心理安全感指的是一种完全无须抱有"自己的发言会遭到训斥""自己说的话会被嘲笑"等不安心理的氛围，确保每个人都能轻松自由地表达自己的意见。这是引导企业内部团队走向成功的关键。

确实，若因在意他人的眼光而忐忑不安，必然无法实现工作上的变革。

改善 4.0 所创造的供大家充分交流、愉快实行改善的环境，可谓极大地提高了心理安全感。

虽然看似理所当然，但这份 Google 进行大规模调查得出的结果，着实是耐人寻味。

反向指导（Reverse Mentoring）

导师一词在日本逐渐传播开来，我通常将其解释为"师傅"。给人的印象是在遇到困难或陷入困境时，向该领域的大师请教。

并且，导师一般较为年长。

反向指导则顾名思义，因前面有"反向（**Reverse**）"二字，表示由年轻人进行指导。换言之，这是一种由年长者向年少者请教的机制。

出于对计算机 2000 年问题（千年虫）的担忧，GE（通用电气公司）的 CEO 杰克·韦尔奇要求最高管理层"向年轻员工请教未来的计算机世界会是什么样子"，据说反向指导一词便是出自于此，现在已经在美国被广泛使用。顺便说一下，我是从学习英语会话的 NHK "实用商务英语"广播课程的教材中获知的。

在日本，很多人还是不愿意向年轻人学习，抵触心理很强。在极端情况下，有的管理者甚至认为"上司向部下请教有损上司的威严"。这一概念的普及可能还需要时间。

然而，面对即将到来的时代巨变，墨守成规恐怕会错失良机。

以我曾指导的 YAMASHIN 酿造株式会社为例，这家企业生产了一种名为"白酱油"的独特产品。在与该企业的冈岛晋一社长以及制造、销售、技术部门负责人共同探讨关于面向新产品开发的改善时，发生了一件事。

为了查看新产品的宣传情况，我用智能手机访问了 YA-MASHIN 酿造株式会社的主页，结果发现显示的是电脑版界面，没有适应手机的屏幕规格。据说现在半数以上的网页都是用手机浏览的，当我指出这一点时，4 个大叔（包括我自己在内其实是 5 个大叔）都是一头雾水。

我想起在此前的改善发表会上，有 2 名年轻的女性技术人员展示了十分出色的改善提案。于是我提议道："不妨向她们请教一下，这是一种在美国被称为反向指导的手法。"原本担心大家会因"实在不好意思请教新员工"而被回绝，没想到大家却欣然应允，于是立即将人请到了现场。

结果有了惊人的发现。这 2 名员工说，对于公司主页的宣传影响力之低，长期以来一直感到遗憾。于是利用工作空闲时间，自发制作了用公司产品烹饪美食的图片，用于 Instagram 和 Twitter 的主页。

她们当场提出"只要公司认可我们的工作，给我们配备工作专用的智能手机，今天就可以开始在 SNS 上宣传"。我们 5 个大叔打心底感到震惊，当然立即采纳了 2 位年轻师傅的建议。

一年后，SNS 的规模得以扩大，并为销售额的增长做出了突出贡献。以此为契机，大叔们创建了自己的 SNS，加深了对 ICT 的理解，彻底弥补了发展上的短板。

在改善 4.0 中，社长前往现场查看新员工所实行的改善，并向员工请教改善内容等实属家常便饭。即使不用反向指导等进行夸张的定义，也可切实执行。

改善 4.0 的推荐

在接下来的时代，变革的速度将不断加快。

去年还没有的东西今年突然出现，今年没有的事物或许明年便会诞生。换句话说，在这个时代，我们完全无法预测接下来会发生什么。

迄今为止，令人备感震惊的新鲜事物可谓层出不穷。今后还将会不断涌现。为了从容不迫地应对时代的变化，必须未雨绸缪。

"面对一个变幻莫测的时代，应该做什么样的准备？"

大家难免会产生这样的疑虑。

我的回答很明确。

"一定要掌握无论发生什么都能应对的高水平改善力！"

实行本书介绍的改善 4.0，任何人、任何企业都能掌握这种改善力。

"KZ 法"以现场实物为线索，唤醒员工们潜藏的改善力，通过社长的参与改变意识，以"微改善"实现改善的常态化，促使员工们轻松提出创意并推进改善的实行，若形成这种企业素质，就能将改善融入日常工作中。最终引发重大的变革，实现"日日改善"的集团、组织也将由此成长壮大。

这样的组织具备无论面对多大的变化都岿然不动的素质，而且变化越大，组织的决断力和团结力越强，改善的水平也越高。

一直以来，日本制造业采取的方式往往是通过整理整顿或消除浪费的改善来降低成本，降低产品价格，从而提高市场份额，增加销量，创造更大的利润。结果，与欧美制造业相比，日本制造业的利润率一直处于低迷状态。

不过，考虑到日本国内市场的萎缩和用户主导时代的来临，单靠以降低成本为中心的传统改善，显然已无法与之抗衡。

为应对从市场主导时代到用户主导时代的巨大转变，或许很多人认为必须像欧美企业一样拥有精准的战略和严格的管理。

然而，改善 4.0 是一种完全不同的尝试。

实行包括社长在内的全员改善，共同展开充分的交流探讨，凝聚集体的智慧，激发团队精神，从而引发意识改革，最终对经营改革做出贡献，这是只有在日本才能做到的方法。

　　并且，正如本书第 4 章所阐述的，欧美也出现了相同的动向。这也可谓是改善 4.0 指明企业面向未来时代经营方向的有力佐证。

　　在创作本书的过程中，以实例中列举的 5 家企业为首，得到了许多企业的大力支持。另外，感谢我的恩师，庆应义塾大学名誉教授中村善太郎的悉心指导，以及妻子佐保子和 3 个孩子一直以来的支持。本书还得到了许多人的关心帮助，在此表示感谢。在 WANI PLUS 出版社宫崎洋一主编的指导下，最终顺利完成了本书。在此表示诚挚的谢意。

　　请大家务必实行改善 4.0，以取得更大的经营成果，让员工们更加幸福，让顾客更加快乐。

2019 年 12 月

柿内幸夫

东方出版社助力中国制造业升级

书　　名	ISBN	定　价
精益制造 001：5S 推进法	978-7-5207-2104-2	52 元
精益制造 002：生产计划	978-7-5207-2105-9	58 元
精益制造 003：不良品防止对策	978-7-5060-4204-8	32 元
精益制造 004：生产管理	978-7-5207-2106-6	58 元
精益制造 005：生产现场最优分析法	978-7-5060-4260-4	32 元
精益制造 006：标准时间管理	978-7-5060-4286-4	32 元
精益制造 007：现场改善	978-7-5060-4267-3	30 元
精益制造 008：丰田现场的人才培育	978-7-5060-4985-6	30 元
精益制造 009：库存管理	978-7-5207-2107-3	58 元
精益制造 010：采购管理	978-7-5060-5277-1	28 元
精益制造 011：TPM 推进法	978-7-5060-5967-1	28 元
精益制造 012：BOM 物料管理	978-7-5060-6013-4	36 元
精益制造 013：成本管理	978-7-5060-6029-5	30 元
精益制造 014：物流管理	978-7-5060-6028-8	32 元
精益制造 015：新工程管理	978-7-5060-6165-0	32 元
精益制造 016：工厂管理机制	978-7-5060-6289-3	32 元
精益制造 017：知识设计企业	978-7-5060-6347-0	38 元
精益制造 018：本田的造型设计哲学	978-7-5060-6520-7	26 元
精益制造 019：佳能单元式生产系统	978-7-5060-6669-3	36 元
精益制造 020：丰田可视化管理方式	978-7-5060-6670-9	26 元
精益制造 021：丰田现场管理方式	978-7-5060-6671-6	32 元
精益制造 022：零浪费丰田生产方式	978-7-5060-6672-3	36 元
精益制造 023：畅销品包装设计	978-7-5060-6795-9	36 元
精益制造 024：丰田细胞式生产	978-7-5060-7537-4	36 元
精益制造 025：经营者色彩基础	978-7-5060-7658-6	38 元
精益制造 026：TOC 工厂管理	978-7-5060-7851-1	28 元

书 名	ISBN	定 价
精益制造 027：工厂心理管理	978-7-5060-7907-5	38 元
精益制造 028：工匠精神	978-7-5060-8257-0	36 元
精益制造 029：现场管理	978-7-5060-8666-0	38 元
精益制造 030：第四次工业革命	978-7-5060-8472-7	36 元
精益制造 031：TQM 全面品质管理	978-7-5060-8932-6	36 元
精益制造 032：丰田现场完全手册	978-7-5060-8951-7	46 元
精益制造 033：工厂经营	978-7-5060-8962-3	38 元
精益制造 034：现场安全管理	978-7-5060-8986-9	42 元
精益制造 035：工业 4.0 之 3D 打印	978-7-5060-8995-1	49.8 元
精益制造 036：SCM 供应链管理系统	978-7-5060-9159-6	38 元
精益制造 037：成本减半	978-7-5060-9165-7	38 元
精益制造 038：工业 4.0 之机器人与智能生产	978-7-5060-9220-3	38 元
精益制造 039：生产管理系统构建	978-7-5060-9196-2	45 元
精益制造 040：工厂长的生产现场改革	978-7-5060-9533-4	52 元
精益制造 041：工厂改善的 101 个要点	978-7-5060-9534-1	42 元
精益制造 042：PDCA 精进法	978-7-5060-6122-3	42 元
精益制造 043：PLM 产品生命周期管理	978-7-5060-9601-0	48 元
精益制造 044：读故事洞悉丰田生产方式	978-7-5060-9791-8	58 元
精益制造 045：零件减半	978-7-5060-9792-5	48 元
精益制造 046：成为最强工厂	978-7-5060-9793-2	58 元
精益制造 047：经营的原点	978-7-5060-8504-5	58 元
精益制造 048：供应链经营入门	978-7-5060-8675-2	42 元
精益制造 049：工业 4.0 之数字化车间	978-7-5060-9958-5	58 元
精益制造 050：流的传承	978-7-5207-0055-9	58 元
精益制造 051：丰田失败学	978-7-5207-0019-1	58 元
精益制造 052：微改善	978-7-5207-0050-4	58 元
精益制造 053：工业 4.0 之智能工厂	978-7-5207-0263-8	58 元
精益制造 054：精益现场深速思考法	978-7-5207-0328-4	58 元
精益制造 055：丰田生产方式的逆袭	978-7-5207-0473-1	58 元

书　名	ISBN	定　价
精益制造 056：库存管理实践	978-7-5207-0893-7	68 元
精益制造 057：物流全解	978-7-5207-0892-0	68 元
精益制造 058：现场改善秒懂秘籍：流动化	978-7-5207-1059-6	68 元
精益制造 059：现场改善秒懂秘籍：IE 七大工具	978-7-5207-1058-9	68 元
精益制造 060：现场改善秒懂秘籍：准备作业改善	978-7-5207-1082-4	68 元
精益制造 061：丰田生产方式导入与实践诀窍	978-7-5207-1164-7	68 元
精益制造 062：智能工厂体系	978-7-5207-1165-4	68 元
精益制造 063：丰田成本管理	978-7-5207-1507-2	58 元
精益制造 064：打造最强工厂的 48 个秘诀	978-7-5207-1544-7	88 元
精益制造 065、066：丰田生产方式的进化——精益管理的本源（上、下）	978-7-5207-1762-5	136 元
精益制造 067：智能材料与性能材料	978-7-5207-1872-1	68 元
精益制造 068：丰田式 5W1H 思考法	978-7-5207-2082-3	58 元
精益制造 069：丰田动线管理	978-7-5207-2132-5	58 元
精益制造 070：模块化设计	978-7-5207-2150-9	58 元
精益制造 071：提质降本产品开发	978-7-5207-2195-0	58 元
精益制造 072：这样开发设计世界顶级产品	978-7-5207-2196-7	78 元
精益制造 073：只做一件也能赚钱的工厂	978-7-5207-2336-7	58 元
精益制造 074：中小型工厂数字化改造	978-7-5207-2337-4	58 元
精益制造 075：制造业经营管理对标：过程管理（上）	978-7-5207-2516-3	58 元
精益制造 076：制造业经营管理对标：过程管理（下）	978-7-5207-2556-9	58 元
精益制造 077：制造业经营管理对标：职能管理（上）		
精益制造 078：制造业经营管理对标：职能管理（下）		
精益制造 079：工业爆品设计与研发	978-7-5207-2434-0	58 元
精益制造 080：挤进高利润医疗器械制造业	978-7-5207-2560-6	58 元
精益制造 081：用户价值感知力	978-7-5207-2561-3	58 元
精益制造 082：丰田日常管理板：用一张看板激发团队士气	978-7-5207-2688-7	68 元
精益制造 083：聚焦用户立场的改善：丰田式改善推进法	978-7-5207-2689-4	58 元

书　名	ISBN	定　价
精益制造 084：改善 4.0：用户主导时代的大规模定制方式	978-7-5207-2725-9	59 元

"精益制造" 专家委员会

齐二石　天津大学教授（首席专家）

郑　力　清华大学教授（首席专家）

李从东　暨南大学教授（首席专家）

江志斌　上海交通大学教授（首席专家）

关田铁洪（日本）　原日本能率协会技术部部长（首席专家）

蒋维豪（中国台湾）　益友会专家委员会首席专家（首席专家）

李兆华（中国台湾）　知名丰田生产方式专家

鲁建厦　浙江工业大学教授

张顺堂　山东工商大学教授

许映秋　东南大学教授

张新敏　沈阳工业大学教授

蒋国璋　武汉科技大学教授

张绪柱　山东大学教授

李新凯　中国机械工程学会工业工程专业委员会委员

屈　挺　暨南大学教授

肖　燕　重庆理工大学副教授

郭洪飞　暨南大学副教授

毛少华　广汽丰田汽车有限公司部长

金　光　广州汽车集团商贸有限公司高级主任

姜顺龙　中国商用飞机责任有限公司高级工程师

张文进　益友会上海分会会长、奥托立夫精益学院院长

邓红星　工场物流与供应链专家

高金华　益友会湖北分会首席专家、企网联合创始人

葛仙红　益友会宁波分会副会长、博格华纳精益学院院长

赵　勇　益友会胶东分会副会长、派克汉尼芬价值流经理

金　鸣　益友会副会长、上海大众动力总成有限公司高级经理

唐雪萍　益友会苏州分会会长、宜家工业精益专家

康　晓　施耐德电气精益智能制造专家

缪　武　益友会上海分会副会长、益友会/质友会会长

东方出版社

广州标杆精益企业管理有限公司

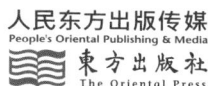

標杆精益®
BENCHMARK LEAN

人民东方出版传媒
People's Oriental Publishing & Media
東方出版社
The Oriental Press